484

Das Buch
Franca Magnani berichtete 23 Jahre lang aus Rom und prägte als die »Stimme Italiens« das Italienbild der Deutschen.
Die hier zusammengefaßten Beobachtungen und Berichte aus »ihrem Rom«, herausgegeben von ihrer Tochter und ihrem Sohn, bewegen sich zwischen Werkstätten der Handwerker und Palästen, zwischen Zerstörung und Rettung, zwischen Geschichte und Heute, Ghetto und Kirche. Von einem modernen Standort aus entsteht das Bild vom Leben in einer besonderen, von Gegensätzen gezeichneten Stadt. Sie nimmt den Leser mit auf eine spannende Entdeckungsreise und vermittelt ihr ganz persönliches Romerlebnis.

Die Autorin
Franca Magnani, 1925 in Rom geboren, lebte mit der Familie im französischen und schweizerischen Exil. Seit 1945 wieder in Rom, wurde sie 1964 Italien-Korrespondentin für die ARD und arbeitete für viele TV- und Printmedien in Deutschland und in der Schweiz. 1990 veröffentlichte sie die Erinnerungen an ihre Kindheit und Jugend – »Eine italienische Familie« –, die zu einem großen Erfolg wurden. Sie starb 1996 in Rom.

Weitere Titel bei K & W
»Eine italienische Familie«, 1990.
»Mein Italien«, 1997

Die Herausgeber
Sabina Magnani v. Petersdorff, 1955 in Rom geboren. Kunsthistorikerin und Germanistin. Freie Übersetzerin. Lebt mit ihrem Mann und drei Kindern in Berlin.

Marco Magnani, 1953 in Rom geboren. Studium der Volkswirtschaft und Ökonomie. Arbeitet im Forschungssektor der italienischen Zentralbank. Lebt mit seiner Frau und zwei Kindern in Rom.

FRANCA MAGNANI

ROM

Zwischen Chaos und Wunder

*Herausgegeben von
Sabina Magnani von Petersdorff
und Marco Magnani*

Kiepenheuer & Witsch

6. Auflage 2010

© 1998 by Verlag Kiepenheuer & Witsch GmbH & Co. KG, Köln
Alle Rechte vorbehalten. Kein Teil des Werkes darf in irgendeiner Form
(durch Fotografie, Mikrofilm oder ein anderes Verfahren)
ohne schriftliche Genehmigung des Verlages reproduziert
oder unter Verwendung elektronischer Systeme verarbeitet,
vervielfältigt oder verbreitet werden.
Umschlaggestaltung: Barbara Thoben, Köln
Umschlagmotiv: Marco Valdivia
Gesamtherstellung: CPI – Clausen & Bosse, Leck
ISBN 978-3-462-02690-0

Inhalt

Vorwort 9

Piazza della Rotonda 11

Mein täglicher Gang 16

Winter in Rom 21

Der schwarze Samstag der römischen Juden:
16. Oktober 1943 24

Das Ghetto 30

Der Monte di Pietà 43

Il biondo Tevere 46

Brunnen, Münzen und Justiz 53

Die römische Frage 57

Seit 2000 Jahren blickt die Menschheit nach Rom 60

Villa Giulia – Notizen zu den Etruskern 72

Rom brennt. Ein Bericht aus dem Jahre 64 n. Chr. 83

Olympische Stimmung in Rom 86

Die Restaurierung des Jahrhunderts: Cappella Sistina 90

Im Vatikan viel Neues 102

Der Quirinal 106

Von den Corazzieri 116

Die Steine von Sor Fernando 121

Wo essen die Römer? 125

Die Römer im Verkehr 132

Stadtsanierung 138

Das andere Rom   144
Im magischen Dreieck:
Mimosen an der Piazza di Spagna   151
Caffè Greco   152
Das römische Einkaufsquartier   154
Die Mode und ich   158
Schaufensterbummel   161
Die Fendis   169
Krisenweihnacht und die Zampognari   173
Karneval   177
Urbi et orbi   180
Warum ich Rom dennoch liebe   186

Bildnachweis   191

Vorwort

DIE IDEE, DEM BUCH *Mein Italien* eine besondere Textsammlung über Rom nachfolgen zu lassen, wurde uns von Reinhold Joppich eingegeben, dem wir an dieser Stelle dafür sehr herzlich danken, obwohl wir nur sehr zögerlich darauf eingehen konnten.

Ausschlaggebend, einige der Berichte über Rom in einem kleinen Band doch zusammenzufassen, war schließlich die Überlegung, daß Rom und Italien im Bewußtsein vieler Menschen zwei verschiedene Dinge sind. Die einen suchen nur die Hauptstadt der Antike, der Kirche oder des Barocks, andere suchen Italien als ganzes oder einfach nur die Badestrände. Für sie alle kann dieses Buch jedoch etwas bedeuten. Die auf Rom Neugierigen können sich mit der Lektüre auf die Stadt vorbereiten, um sie besser, aber auch kritischer zu genießen, und die anderen können auf diese historische Hauptstadt aus einer ausgeprägt zeitgenössischen Perspektive neugierig gemacht werden.

Wir haben uns gegen eine chronologische Wiedergabe der Berichte entschieden. Der Leser soll sich eher in die Stimmung eines für die *mamma* typischen Abends versetzt fühlen, wenn sie in ihrem Haus am Fuße des Kapitol, oft vor einem Teller Spaghetti, ihren ausländischen Freunden ihre Beziehung zu Rom erklärte. Kein Reiseführer also, eher ein Gespräch, mit einem Wechsel von Tonlagen und Themen. Dazu haben wir einige Beiträge gekürzt und geringfügig sprachlich angepaßt, ohne ihre Ursprünglichkeit und Wesentlichkeit zu verändern. Die Texte erinnern an einige der großen Fragen der Stadt in den 60er bis 80er Jahren. Denn nicht zuletzt aus den groben Fehlern in der modernen Planung der Stadt und teilweise aus den regelrechten Zerstörungen des antiken städtischen Gewebes hat man in Europa auch am Beispiel Roms gelernt, sein Vorgehen im Hinblick auf die eigenen urbanen Belange in Frage zu stellen.

Am meisten berührt uns die Impression von der Piazza della Rotonda. Dort berichtet nicht jene *mamma*, die sich uns gegenüber energisch über Politik und Moral entrüstete – mehr als sie in ihren Fernsehbeiträgen zu zeigen bereit war. Hier erzählt sie nur schlicht von sich an jenem Pantheon, dem »allem Göttlichen« geweihten Raum, jenem geschichtsträchtigen Platz, der Menschen jeglicher Herkunft sich ihrer selbst bewußter werden läßt. Sie spricht nicht von Raphael, der hier seine Ruhestätte gefunden hat, nicht von Hadrian und der letzten Blüte des Römischen Reiches, nein, sie zeigt mit wenigen Worten Alltägliches, ein paar Menschen, zwei Carabinieri und namenlose Kinder – vielleicht sind es die eigenen oder die Enkel? An dem Platz, an dem sie geboren wurde, schaut sie plötzlich zurück auf die Jahre ihres Lebens, ihrer Liebe zu unserem Vater. Vor allem durch das Leben in dieser Stadt mit ihm, der kein Römer war, ist aus der im Exil aufgewachsenen Italienerin doch eine wahrhaftige, wenn auch zwiespältige, Römerin geworden.

Rom, April 1998
Sabina Magnani von Petersdorff, Marco Magnani

Piazza della Rotonda

MEIN ROM? – nicht einmal Nero durfte es sich erlauben, von *seinem* Rom zu sprechen. Denn Rom ist *inappropriabile*, Rom kann man sich nicht aneignen. Du kannst der Stadt angehören, aber vielleicht stimmt auch das nicht, denn Rom ist wie das Gericht bei Kafka.»Es nimmt dich an, wenn du kommst, und es läßt dich wieder gehen, wann du willst – ohne Trauer, ohne Gedächtnis«, so Federico Fellini. Einverstanden. *Mein Rom* gibt es nicht, aber im Gegensatz zu Fellini, der aus der Romagna stammt, fühle ich mich hier zugehörig. Rom ist meine Heimatstadt.

Ich kann nicht leichten Herzens einen Lieblingsort nennen, weil ich mich nach innerer Stimmung oder Jahreszeit mal dem einen, mal dem anderen zuwende. Doch wenn ich nur einen nennen darf, zu dem es mich am meisten zieht und wo ich gern verweile, ist das die *rotonda*, wie die Römer sagen, die Piazza del Pantheon. Mit ihr sind für mich die frühesten Erinnerungen aus meinem Leben verbunden, Etappen meines Lebens, nicht nur ästhetische Empfindungen, denn die bietet mir Rom unzählige.

Jede Gelegenheit nehme ich wahr, um zum Pantheon zu gehen, um dort Verabredungen zu treffen, in der Hoffnung, die Menschen, auf die ich warte, mögen sich verspäten – was bei den Römern, Gott sei Dank, häufig der Fall ist.

Für mich umfaßt die *rotonda* alles, was mich seelisch und geistig bereichern, beruhigen, anspornen und besinnlich machen kann: Geschichte, Harmonie, Menschen – vor allem Kinder – und die eigene Vergangenheit, gelebt mit Menschen, die liebten und die ich liebte: Vater, Mutter, Mann!

Im Sommer bietet das Pantheon den zusätzlichen unschätzbaren Genuß der Abkühlung, einer natürlichen Abkühlung, nicht jener teuflischen durch *air-conditioning*. In diesen Tagen drängen auch die Touristen zu Hunderten ins Pantheon, wo es frisch und erholsam ist, wie in einer Grotte. Nicht alle werden vom kulturellen Interesse hineingetrieben.

Ich sitze am liebsten in der Mitte des Platzes, auf den Stufen zu Füßen des Brunnens. Ich lasse mich tragen – »wegtragen« – von meinen Erinnerungen, Empfindungen und Eindrücken, die ringsherum lebendig auftauchen und die Vergangenheit mit Gegenwärtigem verschmelzen.

Das Pantheon – für mich ein vollendet schöner römischer Bau, der auch am besten erhalten ist – vermittelt mir ein Gefühl der Kontinuität und bestätigt mir wie kein anderes Bauwerk die sinngebende Bedeutung der Kultur für das Leben, ja, es bestätigt mir in einem gewissen Sinn die Unsterblichkeit der Menschen, so verstanden, daß sie durch Kultur »ewig« in der Erinnerung der Nachfahren weiterleben – selbst wenn sie nicht an ein Jenseits glauben.

Am Pantheon zu sitzen heißt für mich, auf der Bühne eines Theaters zu sein, bei dem ich gleichzeitig Zuschauer und Akteur bin. Ich werde einbezogen in diese Magie der Umgebung: Man spricht miteinander, mehr als anderswo, und das will in Rom etwas heißen. Allein das Zeitungskaufen am Kiosk ist ein Erlebnis, es bietet Gelegenheit für einen realistischen politischen Kommentar. Im Ausland ist mir aufgefallen, daß die Leute die Zeitung stumm kaufen: sie werfen einen Blick hinein, klemmen sie unter den Arm und gehen davon. Nicht einmal ihre Mimik verrät, was sie von den Schlagzeilen halten. Aber hier, wo der Verkehr erlaubt, stillzustehen, wird dieses kleine Ereignis zum Schauspiel. Unaufgefordert kommentieren die Käufer die Nachrichten, für Journalisten etwas Wunderbares, denn das heißt, den Puls der Bürger zu fühlen, unmittelbar und ohne Filter. Und wer die

Menschen zum Reden herausfordert, wie ich es doch gerne tue, hat sein wahres Vergnügen: Man erkennt, daß niemand neutral vor seiner Zeitung sein kann. Man ist erfreut, empört, erzürnt, aber nicht neutral, und man teilt sich mit: durch Bemerkungen – *guarda un po' questo* – oder durch Gesten und Mimik, die mehr aussagen als alle Worte. Da sind die Römer noch echt und vom Tourismus unverdorben. Die *vox populi*, die Stimme des Volkes, höre ich am Pantheon.

Aber da sind auch die Kinder! Die *rotonda* ist noch einer der wenigen Plätze, wo sie sich wie einst frei bewegen können. Die *carabinieri*, hoch zu Roß vor dem Eingang des Platzes, wachen über sie; welch ein Vergnügen! Es stimmt, Rom hat wenige Spielplätze, wenig Kinderfreundliches in seiner heutigen verkehrsbedingten Struktur, aber dies ist einer der schönsten »Spielpiazze« der Welt. Kinder jagen den Tauben nach, sie plagen sie, sie spritzen Wasser auf Passanten und Touristen, sie sind unerzogen, vorlaut, unbeherrscht – sie sind alles, was Ausländer ihnen nachsagen. Aber meine Betrachtungen auf der Piazza bestätigen mir, sie sind frei und glücklich, auf unsere Kosten sehr wahrscheinlich; sie sind das, was später schlechte Bürger aus ihnen werden läßt, aber glücklich sind sie. Daran ist nicht zu zweifeln!

Kinder sind nicht ausgeschlossen aus der Welt der Erwachsenen, sie sind dabei, mittendrin, mit ihrem Lärm: *rumore è vita – silenzio è morte*, Lärm ist Leben, Schweigen ist Tod; wie oft hörte ich diesen Satz hier, wenn einer sich darüber erregte. Die Mütter und Großmütter stehen dem Geschrei ihrer Kinder nicht nach und jetzt auch die Väter nicht, seit sie sich auch mehr um die Kinder kümmern. Es ist eine große Komödie, die sich Mütter, Großmütter und Kinder einander vorspielen. Väter wollen für jung gehalten werden und laufen mit den Kindern und spielen fast bis zum Umfallen. »*Aho, sei morto?* bist du denn tot?« schreien die allerliebsten Kleinen ihnen entgegen.

Auf Plätzen wie meiner *rotonda* lernen die Kinder nicht das ruhige Spielen, aber sie lernen, als Teil der Erwachsenenwelt zu leben, sie hören alles mit, von Regierungskrisen, von Korruption, Kindesentführungen und Mafia und wen oder was der Papst segnet und empfängt. Sie vernehmen die wahren Geschichten vom Leben wie Märchen. Nicht zufällig ist, so wurde mir gestern auf den Stufen des Renaissancebrunnens bewußt, die Geschichte von Pinocchio *das* klassische Kinderbuch. Pinocchio, das hölzerne Bengele, mußte alles durch »leben« erlernen – Liebe, Verrat, Solidarität und Betrug, er mußte geliebt und liebkost werden, bis er aus der Holzpuppe zum Menschen wurde.

Es gibt viele persönliche Erinnerungen, die mich an diesen Platz binden: hier bin ich geboren, an der Via della Minerva (*No. 67*), und hier nebenan war mein Lieblingstreffpunkt mit meinem Mann: an dem Elefanten vor der Kirche Sopra Minerva, der einen kleinen Obelisken auf dem Rücken trägt und von dem die Römer sagen, er bringe Glück!

1987

Piazza della Rotonda

Mein täglicher Gang

… VON MEINER WOHNUNG – zwischen Kapitol und Piazza Venezia, nur eine Straße vom Ghetto entfernt – zum geschäftlichen und politischen Zentrum der Stadt, führt durch die Via dei Funari – jene Straße, in der die Seiler im Mittelalter ihre Werkstätten hatten. Da steht die Kirche Santa Caterina dei Funari mit einer flächigen Fassade aus der Spätrenaissance mit fröhlichen Festons aus Travertin. Es war mir nicht vergönnt, die Kirche im Innern zu besichtigen: Sie ist seit 15 Jahren wegen *restauri* geschlossen[*]. Papst Paul III. hat diese Kirche Ignazio de Loyola, dem Gründer des Jesuitenordens, übergeben, und dieser ließ daran ein Heim für mittellose Mädchen anbauen. In der anliegenden Straße, der Via Caetani, wurde 1978 im Kofferraum eines Wagens die Leiche des von den Roten Brigaden ermordeten Präsidenten der Christdemokraten Aldo Moro gefunden. Heute erinnert hier eine große Gedenktafel an dessen Tragödie. Auf die wirft jeder Vorbeigehende einen Blick. Zwar ist Gleichgültigkeit ein Zug vieler Römer, Pietät aber ist nicht ausgestorben.

Die Via Caetani mündet in die Einbahnstraße Via delle Botteghe Oscure. Dort nebenan steht an der Hausmauer ein Muttergottesbild mit ewigem Licht. Rund um den Rahmen: künstliche Blumen, verstaubt und rußig. Rom ist voll von diesen Madonnenbildern, den *Aediculae Mariae*. Aber diese ist, unter den 26 anderen, eine besondere Madonna. Sie hat ein Wunder vollbracht: Als im Juli 1796 die Franzosen in den Kirchenstaat eindrangen, hat diese Muttergottes »echte Tränen« geweint.

Aediculae zierten vielfach Straßenkreuzungen und Landstraßen, zu Ehren der *Lares Compitales*, der Gottheiten, die

---

[*] Die Kirche ist seit 1997 für das Publikum zeitweise zugänglich.

Wanderer beschützen sollten. Bevor die Straßen mit öffentlicher Beleuchtung versehen waren, übten die Marienaltärchen auch eine praktische Funktion aus: Sie waren Orientierungspunkte, besonders an Kreuzungen. Alte Römer aus dem *popolino*, dem gemeinen Volk, wissen, daß die Madonnen früher nicht zu den Öllämpchen gehörten. Die Öllämpchen standen allein da, nur zur Beleuchtung. Aber da das Öl immer wieder gestohlen wurde, fügte man statt eines Verbots, das doch niemand beachtet hätte, das Antlitz der Muttergottes hinzu. Und die Madonna wollte dann doch niemand bestehlen. *Se non è vero è ben trovato*, wenn es nicht wahr ist, ist es gut erfunden.

»Meine« Madonna an der Via delle Botteghe Oscure hat mich auf einen Zug der Römer aufmerksam gemacht, den ich nicht vermutet hätte – zumal man ihnen nachsagt, sie seien zynisch. Die Verkehrsampel dort kann man auch per Hand betätigen – vergeblich allerdings. So kommt es immer wieder vor, daß besonders zu Stoßzeiten sich eine ganze Schar von Fußgängern bei der Ampel ansammelt, die sich ungeduldig stoßen und schubsen. Mitten in diesem Gewühl aber kniet auf dem Bürgersteig seelenruhig ein junger Mann, genau zwischen Ampel und der Wand, von der hinab die Gottesmutter uns alle anlächelt. Die aufgeregt nach vorn drängenden Römer, sonst nicht gerade Vorbilder an Zurückhaltung, geben acht, nicht über den Knieenden und Betenden zu stürzen oder ihn mit den Füßen zu treten. Im Gegenteil – jeder hat für ihn ein gutes Wort: *poveretto*, höre ich sie hastig murmeln, wer weiß, was für Sorgen der hat. Auch das ist ein Wunder.

Leider begegne ich auf meiner täglichen *promenade en Rome* nicht nur solchen Mysterien. Auf dem Bürgersteig geparkte Autos zwingen mich immer wieder, auf die Straße auszuweichen, wo ich doch Gefahr laufe, angefahren zu werden. Wenn ich den dichtesten, lautesten und ökologisch am meisten verschmutzten Verkehrsknotenpunkt Roms, den Largo Argentina, überschritten habe und in der Via dei Cestari angekommen bin, ist das Schlimmste überwunden. Dann kann ich mich nur noch freuen – auf »meine« Piazza della Minerva und »meine« Santa Maria sopra Minerva.

Sie ist insofern »mein«, als es die erste Kirche war, die ich bewußt als solche wahrgenommen habe. Auch die Bedeutung der Kirche – *la casa di Dio*, Haus Gottes – wurde mir hier als Kind erklärt. Der Geruch, die Stille, die Kühle, das Feierliche einer Kirche – all das hat für mich seither einen Namen: Santa Maria sopra Minerva. Außerdem steht auf der Piazza della Minerva auch mein liebster Obelisk von insgesamt 13, die die Römer aus Ägypten nach Rom brachten. Dieser thront auf dem Rücken eines Elefanten, den die Römer *pulcino* nennen, das Küken. Der Entwurf des kleinen Denkmals stammt von Gian Lorenzo Bernini. Eine hübsche Geschichte – ein Scherz – ist damit verbunden und dank des Sohnes des Bildhauers, Giacomo Bernini, auch historisch belegt. Mein Großvater hat sie mir erstmals erzählt:

Im Jahre 1665 wurde Gian Lorenzo Bernini mit großem Pomp an den Hof Ludwigs XIV. eingeladen. An jedem Ort Frankreichs wurde der römische Künstler feierlich empfangen und geehrt; alle eilten herbei, ihn zu bewundern. Anfänglich soll diese Anerkennung Bernini geschmeichelt haben, mit der Zeit wurde es ihm aber zuviel. »Bin ich vielleicht ein seltenes Tier geworden, etwa ein Elefant?« brummte er vor sich hin. Halb im Scherz und halb im Ernst nannte er sich selbst während seiner ganzen Reise nur noch *l'elefante*. Endlich nach Rom zurückgekehrt, erschöpft und angegriffen von den Strapazen der Empfänge und der Rolle des »seltenen Tieres, des Elefanten«, wollte Bernini die Qualen, die er über sich hatte ergehen lassen müssen, verewigen. Der Künstler hat es mit jenem reizvollen Elefanten getan, der eine Last auf dem Rücken trägt: den Obelisken. Die Inschrift am Denkmalsockel aber deutet – auf Lateinisch – diskret und indirekt darauf hin, daß es »einer großen Kraft bedarf, um die Weisheit zu tragen«.

1993

Piazza Mattei, Fontana delle Tartarughe

Winter in Rom

»NUR NICHT WEITERSAGEN, wie erholsam und beglückend Rom im Winter ist«, flüstern sich manche Römer zu. Im Winter ist Rom tatsächlich römischer.

Dem war gewiß nicht immer so, denn nur die Sommernächte wurden besungen. Aber seit dem Überhandnehmen des Massentourismus, der in den warmen Monaten die Stadt wogenartig überrollt, ist Rom im Winter echter, unverfälschter und findet ein wenig wieder zu sich selbst zurück.

Der Lärm flaut ab, das Licht ist klar – nicht grell –, die Piazze, von den Touristenbussen befreit, offenbaren ihre architektonische Harmonie. Auf den Straßen überwiegt das Familiäre – Kleidung, Farben und Gebaren sind römischer, und durch die engen Gassen der Altstadt hallen die vertrauten Klänge des *romanesco*. Im Winter gehört Rom wieder den Römern: »*Roma è dei Romani!*« Selbst das Plätschern der Brunnen ist deutlich zu vernehmen, es wird nicht mehr übertönt von den Rufen der Fremdenführer. »Die Brunnen singen wieder«, sagen die Anwohner im Vorübergehen.

Das winterlich-milde Klima schließt Regen nicht aus, der römische aber ist anders, er rieselt nicht, er ist nie von langer Dauer, das »Einregnen« ist kein italienischer Begriff. Der römische Regen stimmt nicht melancholisch, er kommt plötzlich, oft als Wolkenbruch, und wirkt wie ein leidenschaftlicher, aber befreiender Zorn des Himmels. Welch günstige Gelegenheit, in Museen, Kirchen, Galerien einzudringen, um in Muße jene Sehenswürdigkeiten zu betrachten, an denen man im sommerlichen Touristenstrom ermattet weitergeschoben wird, von drängenden verschwitzten Besuchern auf allen Seiten.

Vieles, was man sich im Sommer mühevoll erobern muß, fällt im Winter so leicht. Mitten im Stadtzentrum, das heute mit Chaos und Schmutz immer wieder Schlagzeilen macht, führen herrliche Spaziergänge zum Forum Romanum und zu einer gepflegten, still-grünen Oase hinauf, deren Merkmal die gelungene Verflechtung von Natur und Kultur ist: zum Palatin, jenem der sieben Hügel, der die Keimzelle Roms bildete. Von hier zogen die Römer aus und eroberten die Welt.

Heute ist der Palatin mit den Farnesischen Gärten ein poetischer Ort wie kein anderer. Auf den sanft ansteigenden Wegen sind Besucher so selten, daß sie im Vorübergehen gerne grüßen und einander wie Komplizen zulächeln. Die prachtvolle Aussicht, die bereits Goethe tief beglückte, kann man im Winter genießen, fast wie zu des Dichters Zeiten.

Das ergreifendste Erlebnis, das Rom im Winter zu bieten hat, ist: zu nächtlicher Stunde die schlafende Stadt zu durchwandern oder langsam zu durchfahren, unter der erhabenen Schönheit der Kirchen und Paläste. Da geschieht ein Wunder: dem klassischen Rom-Erlebnis, das es nicht mehr gibt und nicht mehr geben kann, kommt man zu dieser Stunde am nächsten. Und man erfaßt mit dem Herzen, was Goethe gemeint hat, als er sagte, daß er nur in Rom empfunden habe, was eigentlich der Mensch sei.

1988

Forum Romanum

Der schwarze Samstag der römischen Juden: 16. Oktober 1943

ALS DIE AUF DEN WAFFENSTILLSTAND zwischen Italien und den Alliierten vom 8. September 1943 folgende allgemeine Bestürzung vorüber war und die Front südlich von Rom wieder hergestellt worden war, starteten die deutschen Besatzungsmächte in Italien die Operation, die allgemein unter dem Namen *caccia all'ebreo*, Judenhatz, bekannt wurde. Diese wurde erleichtert durch eine Liste mit den Namen aller Juden, die nach 1938 (Erlassung des Rassengesetzes in Italien) noch in den Polizeizentralen der verschiedenen italienischen Städte zusammengestellt und, aus unerklärlichen Gründen, nach dem Sturz des Faschismus, am 25. Juli 1943, nicht vernichtet worden war.

Die bedeutendste Razzia in Italien war, allein ihrer Opferzahl wegen, jene des Römer-Ghettos.

Am 26. September wurden die Vorsitzenden der *unione ebraica* und der Israelitischen Gemeinschaft, Dante Almansi und Ugo Foá, vom Polizeikommandanten, SS-Major Kappler, aufgefordert, »zwecks Mitteilungen« in der deutschen Botschaft zu erscheinen. Die beiden wurden von Kappler persönlich empfangen. Er teilte ihnen wörtlich folgendes mit:

»Ihr habt die italienische Staatsbürgerschaft, aber das geht mich nichts an. Wir Deutsche betrachten euch lediglich als Juden, und als solche seid ihr unsere Feinde..., als solche müssen wir euch behandeln. Dennoch werden wir euch weder euer Leben noch eure Kinder nehmen, falls ihr gewillt seid, auf unsere Forderungen einzugehen: Es ist euer Gold, das wir wollen, um unserem Lande neue Waffen zu verschaffen. Innerhalb von 36 Stunden müßt ihr mir 50 kg Gold abgeben. Werdet ihr es abgeben, soll euch nichts Böses geschehen. Andernfalls werden 200 von euch festgenommen und nach Deutschland an die russische Grenze deportiert oder sie werden auf andere Weise unschädlich gemacht werden.«

Der Protest Almansis und Foás führte zu nichts. Auf die Frage, ob die angedrohten Maßnahmen sich bloß auf die Juden der Gemeinde bezögen oder auch auf die getauften und »gemischten« Juden, antwortete Kappler schroff: »Ich mache keinen Unterschied zwischen dem einen und dem anderen Juden!! Wenn in ihren Venen ein Tropfen jüdischen Blutes fließt, sind sie alle für mich dieselben. Alle sind Feinde...« Die einzige Konzession, die Kappler machte, bezog sich auf die Auszahlung: außer Gold sei er bereit, auch Pfund Sterling und Dollar anzunehmen; aber nicht italienische Lire...

So begann unverzüglich die gehetzte Goldsammlung. Da befürchtet wurde, nicht in der gesetzten Frist das geforderte Quantum zusammentragen zu können, wurde beschlossen, noch zusätzliches Gold zu kaufen. Es war die einzige Hilfe, die die offiziellen italienischen Behörden leisteten – denn obschon der Kauf von Gold eigentlich verboten war, erteilten sie eine Bewilligung dafür. Renzo Levi unternahm Schritte bei Pater Borsarelli vom Kloster des *Sacro cuore*, um ausfindig zu machen, ob der Heilige Stuhl bereit sei, die Differenz zu borgen, falls man die 50 kg Gold nicht bis zum genannten Zeitpunkt zusammentragen könne. Der Heilige Stuhl ließ wissen, daß er bereit sei, das fehlende Gold zu leihen, und die Juden sollten sich um die Rückerstattung keine Sorgen machen; dazu sei keine Eile. In Wirklichkeit wurde diese Hilfe nicht gebraucht, denn Hunderte von Juden antworteten dem Aufruf der jüdischen Gemeinde; daneben auch einige Nicht-Juden, darunter einige Priester.

Beim Fristablauf waren beinahe 80 kg Gold gesammelt worden (der Differenzbetrag wurde sichergestellt und nach dem Kriege dem Staate Israel übergeben). Zum überwiegenden Teil bestand dieses Gold aus Kettchen, Ringen, Broschen, kleinen Anhängern usw. – alles, was die Familien des römischen Ghettos besaßen. Das auf diese Weise gesammelte Gold wurde am 28. September in die Via Tasso (Sitz des deutschen Oberkommandos) überführt. Die Deutschen weigerten sich, eine Quittung dafür auszustellen.

Als die Deutschen das Gold in Händen hatten, gingen sie unverzüglich zum zweiten Akt ihres Planes über: sie durchsuchten die Lokale der Jüdischen Gemeinschaft, entwendeten Geld und sämtliche Dokumente. Am 13. Oktober bemächtigten sie sich sämtlicher Bücher der Gemeindebibliothek und des Rabbiner-Kollegiums, die einen unschätzbaren historischen und kommerziellen Wert besaßen. Nach dieser Plünderung gingen die Deutschen zur letzten Phase über, die diesmal nicht Kappler und dem Heere, sondern – so scheint es – drei Polizeikompanien übertragen wurde – unter dem direkten Kommando des Hauptmanns T. Dannecker, einem der brutalsten Mitarbeiter A. Eichmanns.

Am 16. Oktober, bei Morgengrauen, umzingelte die deutsche Polizei das Ghetto und holte systematisch jeden heraus: Kinder, Alte, Schwerkranke und Sterbende, schwangere Frauen und Wöchnerinnen – niemand wurde verschont. Während des ganzen Vormittags breitete sich der Terror über Rom aus. Eine Augenzeugin erinnert sich heute: »Es war 4 Uhr morgens, als uns heftige Schläge an der Tür aufschreckten«, erzählt die an der Via della Reginella wohnende Signora Bellina. »Wie ein Lauffeuer verbreitete sich von Haus zu Haus, von Hof zu Hof die Nachricht, daß die Deutschen uns abzuführen kamen. Einigen Juden gelang die Flucht über die Dächer; sie wurden von katholischen Nachbarn versteckt;

andere fanden vorübergehend Unterschlupf in Klöstern und Kirchen. Die Deutschen hatten ihre Lastwagen hier – genau vor dem Portico d'Ottavia – geparkt und das Ghetto umzingelt. Als die Lastwagen vollgestopft waren mit allen jüdischen Bewohnern, Frauen, Männern, Kindern, Alten und Kranken, zogen die Deutschen die Planen drüber und fuhren los, Richtung Ponte Garibaldi und... – *non sono più tornati* – sie kamen nie wieder zurück«, fügt Signora Bellina leise hinzu.

Via Rundfunk wurde diese Razzia in einem offiziellen, an SS-General Wolff gerichteten Rapport (der die Unterschrift Kapplers trägt) folgendermaßen geschildert:

»... Heute wurde, einem vorgelegten Plan gemäß, die antijüdische Aktion begonnen und beendet... Sämtliche zur Verfügung stehenden Polizei- und Sicherheitskräfte wurden dazu benutzt. Wegen des absoluten Mangels an Vertrauen gegenüber der italienischen Polizei in bezug auf solche Aktionen war es nicht möglich, diese zur Mitwirkung aufzufordern... Es war nicht möglich, alle Straßen völlig zu isolieren, sei es, weil die Bezeichnung »Offene Stadt«* berücksichtigt werden mußte, sei es, weil die Zahl der deutschen Polizisten (365) ungenügend war. Trotzdem wurden während der Aktion – die von 5.30 Uhr bis 14.00 Uhr dauerte – in jüdischen Wohnungen 1259 Individuen verhaftet... Nach der Freilassung der Ausländer, der Familien von gemischten Ehen, jüdische Ehepartner inbegriffen, des arischen Hauspersonals und der Untermieter, blieben 1007 Juden zurück. Der Abtransport ist auf Montag, 18. Oktober, um 9 Uhr, festgesetzt... Das Benehmen der italienischen Bevölkerung war

---

* Rom wurde im August 1943, vor dem Waffenstillstand mit den Alliierten, von der italienischen Regierung zur »Offenen Stadt« erklärt, um Luftangriffe zu vermeiden. Dieser Status wurde jedoch nie von den Alliierten anerkannt.

dasjenige einer passiven Resistenz; in vielen Fällen verwandelte sich dieses Benehmen in aktive Hilfe... Man konnte auch deutlich betrachten, wie versucht wurde, Juden in naheliegenden Häusern und Wohnungen zu verstecken, als die deutschen Kräfte hereinstürmten...«*

Die Juden aus dem Römer-Ghetto wurden nach Auschwitz abtransportiert. 15 kamen zurück.

1964

---

* Dieses Dokument wurde anläßlich des Eichmann-Prozesses vorgelegt.

IL 16 OTTOBRE 1943
QVI EBBE INIZIO
LA SPIETATA CACCIA AGLI EBREI
E DVEMILANOVANTVNO CITTADINI ROMANI
VENNERO AVVIATI A FEROCE MORTE
NEI CAMPI DI STERMINIO NAZISTI
DOVE FVRONO RAGGIVNTI
DA ALTRI SEIMILA ITALIANI
VITTIME DELL'INFAME
ODIO DI RAZZA

I POCHI SCAMPATI ALLA STRAGE
I MOLTI SOLIDALI
INVOCANO DAGLI VOMINI
AMORE E PACE
INVOCANO DA DIO
PERDONO E SPERANZA

A CVRA DEL COMITATO NAZIONALE
PER LE CELEBRAZIONI DEL VENTENNALE
DELLA RESISTENZA
25 OTTOBRE 1964

Gedenktafel im Ghetto

Das Ghetto

IN DER LAUTEN UND STÄNDIG BELEBTEN Via Portico d'Ottavia, die das ehemalige Ghetto durchzieht, geht es zu wie auf der Piazza eines italienischen Dorfes. Es ist kein Zufall, daß die Römer diese Gegend auch *villaggio degli ebrei*, das Dorf der Juden, nennen; es hat in der Tat etwas Geschlossenes an sich – man sieht und spürt es. Eine Generation überliefert der nachfolgenden religiöse Traditionen und die damit verbundenen Bräuche. An den jüdischen Feiertagen wie Neujahr und Ostern beteiligt sich das gesamte »Dorf«. Dadurch wird das Gefühl der Gemeinsamkeit verstärkt; eine Gemeinsamkeit, die aber auch im Alltag jedem Vorbeigehenden auffällt.

Am späten Nachmittag holen die Frauen bei gutem Wetter ihre Stühle heraus und setzen sich vor die Haus- oder Ladentür; die Männer stehen in der Bar Totò oder sie diskutieren gruppenweise auf der Straße. Die Kinder spielen zwischen dem Wirrwarr der verkehrswidrig geparkten Autos, als wäre dies hier eine Fußgängerzone.

Jeder kennt jeden; Handzeichen genügen, um sich auch von weitem verständlich zu machen. Einsam wirkt hier niemand; Kontakt besteht zwischen allen; »Entfremdung des Menschen«: ein Begriff, der hier nicht paßt. Gleichgültigkeit dem Nachbarn gegenüber – ein Zustand, der anderswo gerne mit dem Begriff *privacy* verschönert wird –, ist im Ghetto unbekannt. *Scippi*, Handtaschendiebstähle, gibt es hier sozusagen keine. Wer hier wohnt, fühlt sich geborgen und geschützt. Das Bedürfnis des gegenseitigen Schutzes und der Solidarität ist im Laufe der Jahrhunderte entstanden, in denen die Juden diskriminiert, beschimpft, verspottet und gedemütigt aufeinander angewiesen waren, um überhaupt überleben zu können.

Die massiv erscheinende, im babylonischen Stil erbaute Synagoge mit der quadratischen Kuppel wirkt fremd im Meer der römischen Kirchen. Sie wurde 1904 eröffnet. Seit dem palästinensischen Terroranschlag von 1982 auf den jüdischen Tempel, bewachen ihn Tag und Nacht mit Maschinenpistolen bewaffnete *carabinieri*. Aber die jüdische Gemeinde hat auch ihre eigenen Leute, die aufpassen. Auffallend viele junge Menschen sind darunter; ein sichtbares Zeichen der Anziehungskraft, die die jüdische Kultur unter den Jugendlichen heute wieder hat.

Das Ghetto, in dem heute 2500 bis 3000 römische Juden wohnen, ist in mancher Hinsicht eine Insel inmitten der 3-Millionen-Stadt. Keines der zwanzig römischen *rioni* – die Stadtviertel des historischen Zentrums – wurde so wenig vom Wandel der letzten Jahre berührt wie das Ghetto, welches ein Teil des *rione* Sant'Angelo in Pescheria ist.

Viele Juden, die außerhalb des ursprünglichen jüdischen Bezirks wohnen, haben doch ihre Geschäfte hier behalten, Konfektionsgeschäfte, vorwiegend im Großhandel; infolgedessen ist tagsüber der Betrieb weit lebhafter als in einem Dorf von nur einigen Tausend Seelen.

»Eine Besonderheit dieses Viertels ist, daß es heute das einzige echt interklassistische *rione* Roms geblieben ist«, sagt uns Tullia Zevi, Vorsitzende der Union jüdischer Gemeinden Italiens. Sie wohnt natürlich im Ghetto. Hier leben tatsächlich noch, wie einst im ganzen Altstadtkern, alle Schichten nebeneinander – arm und reich. In den übrigen *rioni* sind die Armen immer mehr aus ihren ursprünglichen Häusern verdrängt worden: von besser gestellten Leuten, von Ausländern und von Boutiquen, die sich in die alten Werkstätten – in die *botteghe* der alten Handwerker – eingenistet haben.

Touristen treten im Ghetto nicht in der üblichen Schar auf. Sie kommen eher vereinzelt und bleiben am Rande stehen, auf der Piazza Mattei, vor dem Schildkrötenbrunnen, ein Meisterwerk aus der Renaissance, oder vor dem Portikus der Oktavia, wo die Reste des einst großartigen viereckigen Portikus stehen, den Kaiser Augustus seiner Schwester Oktavia geweiht hat.

Wenige Ausländer, wenige Touristen, keine Boutiquen – das trägt dazu bei, daß sich im Ghetto (kein Römer sagt »ehemalig« dazu) noch das ursprüngliche soziale Gefüge erhalten hat und sich das Leben eines alten *rione* unverfälscht abspielt.

Historischer Hintergrund

Die römischen Juden gehören zu den ältesten Bewohnern Roms. Sie sind die einzigen, die seit über 2000 Jahren ununterbrochen in der Stadt präsent sind. Sie sind eine Komponente der italienischen Kultur seit dem Beginn des Christentums und noch früher, sagt der Historiker Armando Momigliano.

Von den rund 3 Millionen Einwohnern Roms sind nur 167.000 echte Römer, das heißt *romani de Roma*, also Römer aus Rom, wie man hier sagt. Dazu muß man nicht nur hier geboren, sondern auch seit sieben Generationen, väterlicherseits, Römer sein. Selbst wenn man diesen strengen Maßstab anlegt, gehören die 15.000 heute in Rom lebenden Juden dazu. Vergeblich würde man in ihren Gesichtszügen etwas suchen, was sie von den übrigen Bürgern unterscheidet; sie sind Römer, auch in ihrer Sprache. Aus dem römischen Dialekt, dem *romanesco*, sind fast alle Worte jüdischen Ursprungs nunmehr verschwunden; es bleiben nur wenige Ausdrücke, z. B. *sciamannato* (d. h. »unordentlich, schlampig«, von dem jüdischen »simàn«), *fasullo* (d. h. »falsch, wertlos, unecht« und rührt von »passùl« her), *cascèrre* (»rein, echt«, vom jüdischen »kasher«), *sciuriare* (»übermäßig trinken«, von »shùr« abgeleitet). Die zwei ersten Ausdrücke sind in die italienische Hochsprache eingegangen.

Die ersten Juden, die nach Italien kamen, ließen sich in Rom nieder – und hier sind sie geblieben, ununterbrochen, seit dem 2. Jahrhundert v. Chr., als Judas Makkabäus sich mit Rom verbündete. Anfänglich waren es nur wenige; ihre Zahl erhöhte sich wesentlich nach der Eroberung Palästinas (61 v. Chr.), als Pompejus Magnus jüdische Gefangene nach Rom führte. Aber insbesondere nach der Zerstörung des Tempels von Jerusalem (70 n. Chr. unter Kaiser Titus), wurden die Juden zu Tausenden nach Rom deportiert, als Arbeitskräfte eingesetzt – z. B. beim Bau des Kolosseums – und als Sklaven verkauft. Letztere wurden jedoch bald *liberti*, denn sie wurden von ihren reicheren Glaubensgenossen freigekauft. Die damaligen römischen Herren entledigten sich der jüdischen Sklaven nicht ungern. Die geforderte Sabbatruhe, sowie die spezielle Kost machten es für manche Herren umständlich, solche Sklaven zu halten.

Im 1. Jahrhundert n. Chr. war Rom bereits eine Großstadt mit einer Million Einwohner; davon waren 40.000 bis 50.000 Juden. Die Tradition der religiösen Toleranz, die das römische Recht kennzeichnete, wurde auch gegenüber den Juden bewahrt; von wenigen Ausnahmen abgesehen ging es den Juden unter den Römern nicht schlecht. Als in Palästina der Kampf für die politische Unabhängigkeit zu blutigen Schlachten führte, beeinflußte dieser Umstand die Beziehungen zur jüdischen Kolonie in Rom nicht. Je mehr sich jedoch das Christentum im Laufe der Jahrhunderte durchsetzte, um so mehr nahm allmählich die Toleranz der Römer gegenüber den Juden ab; insbesondere nachdem der römische Kaiser Theodosius die katholische Religion im Jahr 380 zur Staatsreligion erklärte. Von diesem Augenblick an wurde das Prinzip der Toleranz nach und nach verdrängt und durch das der Intransingenz gegenüber allen nicht christlichen Glaubensbekenntnissen ersetzt.

Der Fall des römischen Kaiserreiches verstärkte die Vorherrschaft des Papsttums auch in der Führung der zivilen römischen

Gesellschaft. Infolgedessen traf sie auch die jüdischen Gemeinden: vom Mittelalter an schwankte die Situation der Juden immer wieder zwischen den »guten« und den »bösen« Päpsten. »Die römischen Juden lasen in den finsteren oder wohlwollenden Blicken eines neuen Papstes ihr Schicksal«, schreibt Gregorovius. Das von Papst Innozenz III. verkündete Konzil (1215) zwang die Juden, ein Erkennungszeichen zu tragen – die Männer ein gelbes, die Frauen ein rotes. Die Juden waren »Menschen ohne Menschenrechte« und solche blieben sie bis zu den Ereignissen, die auf die Französische Revolution folgten.

Im Altertum hatten die römischen Juden in Trastevere gelebt, wo sie ihre Synagogen und ihre Schulen besaßen; einer der ältesten jüdischen Friedhöfe lag bei Porta Portese, auch *ortaccio degli ebrei* genannt. Im 13. Jahrhundert siedelten sie sich dann allmählich in Sant'Angelo in Pescheria an, gegenüber der Tiberbrücke, Pons Judaeorum genannt. In der Gegend waren die Handelsmöglichkeiten vielfältiger als in Trastevere, obschon den Juden nur der Handel mit Altwaren – meistens Kleider oder Eisen – und mit Geld erlaubt war. So waren Geldverleiher stets Juden, bis andere merkten, daß der Beruf auch Vorteile bietet. Jede weitere Erwerbstätigkeit war den Juden verboten.

Spott und Demütigungen aller Art mußten die Juden ertragen. Johannes XXII. ließ öffentlich ihren Talmud verbrennen, und ein Jahrhundert später (1466) führte Paul II. die Tradition ein, die Juden, zur Belustigung des römischen Volkes an Karneval, Rennen mit Tieren laufen zu lassen. Diese fanden in der damaligen Via Lata statt, die seither und bis heute den Namen *corso* angenommen hat. Zwei Jahrhunderte lang hielt diese Tradition an, 200 Jahre lang erfreuten sich die Päpste an dem Schauspiel, daß »die Juden die einzigen Zweifüßler waren, die mit den Vier-Füßlern um die Wette liefen«.

Aber das Schlimmste kam für die römischen Juden, als die Kirche – im Zuge der Gegenreformation – mit verschärften, antisemitischen Maßnahmen den Anspruch erhob, die Reinheit der christlichen Ideologie zu schützen. Der erste Akt des neuen Papstes Paul IV. - besser bekannt als Kardinal Gian Pietro Carafa, Präfekt der Heiligen Inquisition und strenger Verfechter der Gegenreformation - war die Bulle *cum nimis absurdum* aus dem Jahre 1555. Damit wurde die Errichtung eines römischen Ghettos festgelegt. Das erste Ghetto in Italien und in der Welt war jenes von Venedig, errichtet im Jahre 1516. Die Etymologie des Wortes »Ghetto« ist noch umstritten, doch die meisten leiten es von »getto« ab (Metallguß), weil das venetianische Ghetto am Rande einer Eisengrube lag; andere leiten es vom jüdischen Wort »ghèt« ab, das »Trennung, Scheidung« bedeutet.

Eine Mauer wurde rings um ein knapp einen Hektar großes Gebiet errichtet, zwischen dem linken Tiberufer, dem Marcellus Theater und der heutigen Via del Portico d'Ottavia. Die Mauer hatte zunächst nur zwei Tore, die bei Sonnenaufgang geöffnet und bei Sonnenuntergang geschlossen wurden.

Unmittelbar vor der Errichtung des römischen Ghettos bildeten die Juden 3,2 Prozent der gesamten römischen Bevölkerung. Aber am Ende des 16. Jahrhunderts hatte sich die jüdische Einwohnerzahl in der Stadt vervierfacht. Alle Juden waren aus dem Kirchenstaat ausgewiesen worden, mit Ausnahme der Städte Ancona und Rom. Infolgedessen flüchteten viele ins römische Ghetto; sie behielten mehrheitlich die Namen ihres Heimatortes bei und bekundeten damit ihre Herkunft. Auch heute noch kann man auf Grund geographischer Namen - z. B. Alatri, Sezze, Sermoneta, Terracina - die jüdische Herkunft eines Italieners erkennen.

Drei Jahrhunderte lang lebten die Juden in Rom zusammengepfercht, in einem Wirrwarr von dunklen, feuchten, schmutzigen Gassen, Hinterhöfen und Seitenwegen, in einer unübersehbaren Ansammlung von dürftigen Behausungen, die außerdem vom naheliegenden Tiber immer und immer wieder überschwemmt wurden. 300 Jahre übelster Verspottungen, Demütigungen und Einschränkungen kamen zu den früheren jahrhundertelangen antisemitischen Maßnahmen hinzu.

Die römischen Juden haben es nicht vergessen. Wer unter ihnen weilte, als zum ersten Mal in der Geschichte ein Papst, nämlich am 13. April 1986, eine Synagoge betrat – die in Rom – konnte neben der Freude und der Genugtuung der römischen Juden auch deutlich die Würde und den Stolz spüren, mit dem sie diesem welthistorischen Ereignis beiwohnten.

Das römische Ghetto wurde erst 1870 endgültig abgeschafft, als die königlichen italienischen Truppen bei Porta Pia das päpstliche Heer schlugen. Damit war die Weltmacht der Kirche am Ende, und die Einigung Italiens als Staat war vollbracht. Das Ghetto hatte aber bereits früher einmal, allerdings nur vorübergehend, seine ursprüngliche Bedeutung verloren. Und zwar, als die französischen Truppen im Zuge des napoleonischen Italien-Feldzuges und im Geist der Französischen Revolution die Tore zum Ghetto geöffnet hatten. Die auf den Sturz Napoleons folgende Restauration betraf dann aber auch die römischen Juden und schickte sie zurück ins Ghetto.

Für die Juden Roms begann somit erst im Jahre 1870 die Integration in das zivile und politische Leben der Nation Italien. Als sich 1922 die faschistische Partei an der Regierung beteiligte, waren die Juden völlig integriert und hegten nicht den geringsten Verdacht über eine mögliche antisemitische Politik der zukünftigen Regierung. Einige Juden hatten an der Gründung der faschistischen Partei, andere am Marsch auf Rom teilgenommen, viele Unternehmer und Kaufleute hatten außerdem finanziell den Faschismus unterstützt, im Glauben, auf diese Weise die eigenen ökonomischen Interessen sowie die eigenen nationalistischen Ideale zu schützen; genau wie andere Italiener.

Die Rassengesetze Mussolinis stammen aus dem Jahre 1938. Die Juden wurden dadurch erneut »Bürger zweiter Klasse«. Der Zugang zu den Schulen, zum Heer und zu öffentlichen Ämtern wurde ihnen wieder verwehrt. Nach Mussolinis Sturz, 1943, besetzten deutsche Truppen das Land; die Juden wurden von da an verfolgt und in Massen deportiert.

Wer an der römischen Synagoge vorbeigeht, kann auf einer Gedenktafel die Namen jener 2091 römischen Juden lesen, die während der deutschen Besatzung deportiert und in den Lagern von Bergen-Belsen, Auschwitz und Dachau umgebracht wurden.

Rechts davon weist ein weiterer Gedenkstein auf jene römischen Juden hin, die im Widerstandskampf als Partisanen für die Befreiung Italiens gefallen sind. Ein Beweis ihrer vollkommenen Integration in den italienischen Staat.

Das Ghetto heute

Viele der Namen, die auf der Gedenktafel eingraviert sind, sind dieselben, denen man heute im Ghetto begegnet. Die meisten der hier lebenden Familien haben einen Deportierten oder Gefallenen zu beklagen.

Noch vor zwanzig Jahren durfte man in diesen Gassen kaum Deutsch reden, ohne auf heftige Reaktionen zu stoßen. Heute ist es anders. Heute betrachten die Einwohner die Deutschsprechenden genau; sie schätzen das Alter; »die jüngeren deutschen Generationen tragen keine Verantwortung für das, was geschehen ist«, sagt uns David Limentani, »aber auch sie müssen die Vergangenheit kennen; die unsrige und die ihrige«.

David Limentani ist mit seinem Bruder Fabrizio Eigentümer des seltsamsten Geschäfts im römischen Ghetto. Genau gegenüber dem Portico, an der gleichnamigen Straße Nummer 47, führen drei Stiegen in ein zweitausend Quadratmeter großes Untergeschoß. In diesem Lager-Labyrinth findet man alles an Geschirr: vom billigsten bis zum kostbarsten Glas; ferner Teller, Pfannen, Tassen, Suppenschüsseln, Schalen – alles aufeinandergetürmt in einem wilden Durcheinander, am Boden, längs der überfüllten, unendlich langen Gänge.

Das ist das Reich der Gebrüder Limentani. Seit sechs Generationen sind sie *cocciari*, was soviel bedeutet wie »Händler mit Küchengeschirr«, einst allerdings nur aus Ton. Alles begann im Jahre 1832, als einer ihrer Vorfahren, Leone Limentani, als Fuhrmann Glas transportierte für die Glasfabrik von San Paolo, die in der Nähe der gleichnamigen Basilika lag. Leone wurde nie rechtzeitig und gebührend bezahlt für seine Tätigkeit. So beschloß er, sich den Lohn *in natura*, also in Glaswaren zweiter Wahl, entrichten zu lassen. Diese Ware begann er dann zu verkaufen; mit großem Erfolg. Daraus wurde ein Bombengeschäft und aus dem alten Fuhrmann ein Geschäftsmann.

Seither hat die Firma Limentani Tellerservice in die ganze Welt geliefert, internationale Prominente – der Schah von Persien, Marschall Tito, Arabische Emire, Präsident Eisenhower, Sadat, die letzten Päpste, inklusive Wojtyla, die italienischen Könige, Königin Elizabeth – sie bestellten und bestellen ihre Tellerservice hier im römischen Ghetto. Für die erwünschten Verzierungen – meistens Monogramme und Wappen oder symbolische Dekorationen, alles in Gold natürlich – sorgt eine kleine Werkstatt, genau hinter dem Portico d'Ottavia. »Wir sind im Stande, das herzustellen, was die großen Manufakturen nicht mehr können oder wollen«, sagt stolz der Handwerker und Porzellanmaler.

Nur hundert Schritte davon entfernt, genau gegenüber der Tiberbrücke, steht die kleine Kirche San Gregorio della Divina Pietà; ein Tor führte an dieser Stelle ins Ghetto. Die Kirche erinnert die römischen Juden an düstere Zeiten. Auf der Fassade aus dem 16. Jahrhundert, unter einem halb verwitterten Heiligenbild, ist eine in zwei Sprachen – Lateinisch und Hebräisch – verfaßte Inschrift noch deutlich zu lesen:

> Ich recke meine Hand aus den ganzen Tag,
> zu einem rebellischen Volk. Es geht einen Weg,
> der nicht gut ist und folgt seinen Launen.
> Ein Volk, das mich mit Frechheit immer wieder
> herausfordert.

San Gregorio ist eine der Kirchen – andere waren Sant'Angelo in Pescheria und Santa Maria del Pianto – in denen die Juden gezwungen wurden, katholische Predigten anzuhören.

Wenn die Römer heute vom Ghetto reden, so meistens im Zusammenhang mit dessen Geschäften, den besonders günstigen Preisen und mit seinen kulinarischen Spezialitäten. Es gibt im Dorf der Juden *trattorie*, die in ganz Rom renommiert sind. Römische Küche bedeutet zu einem großen Teil jüdisch essen. Fast alle *fritti* – in schwimmendem Öl Gebackenes – gehören dazu. Die dafür unerläßlichen tiefen Pfannen führten die aus Spanien vertriebenen Juden in Rom ein, als sie im 14. und 15. Jahrhundert hierhin flüchteten.

Wie die römische Küche spiegelt auch die jüdisch-römische das arme Agrarland wider, das Italien noch vor 50 Jahren war. Sie ist entstanden durch die Verfeinerung von Eßbarem, das sehr wenig kostet: Broccoli, Sellerie, Zucchini, Auberginen. Als Symbol all dessen gelten sozusagen die *carciofi alla giudía*, Artischocken auf jüdische Art, die man bei Luciano und Gigetto in der Via Portico d'Ottavia, bei Piperno in der Via Monte Cenci und bei »il Pompiere« in der Via dei Calderari essen kann.

Aus allen Stadtteilen kommen Juden auch zur Salumeria Diotallevi, der Fleischerei vor der Kirche Santa Maria del Pianto. Da findet man alles, was nach streng religiösen jüdischen

Vorschriften hergestellt ist, wie die *carne secca*, eine Art Bündnerfleisch, die nur im Ghetto so gut schmeckt.

Die in- und außerhalb des Ghettos lebenden römischen Juden treffen sich meist – aus Gewohnheit sozusagen – in der ehemaligen »Bar degli amici«, heute Bar Totò. Die Kunden von heute sind die Angehörigen der Kunden von gestern. Das Geschäft gehörte Isacco Pavoncello. In den dreißiger Jahren wurde ihm die Barlizenz entzogen, »weil wir keine Italiener mehr waren, wie die anderen«, erzählt heute einer der Enkel von Isacco. »Die Bar haben wir zwar schließen müssen, haben sie aber behalten, aus Trotz. Nach dem Krieg haben wir sie dann umgetauft in ›Bar Totò‹; Totò war unser Onkel, der deportiert wurde und in Dachau gestorben ist«. So ist die Bar Totò ein Treffpunkt geblieben, genau wie »Boccione« an der Ecke Piazza Costaguti. Da kommen die Leute von weit her, um in der winzigen jüdischen Bäckerei die typisch jüdischen Kuchen zu kaufen: aus Mandelteig und Sauerkirschen, oder Ricotta-Fladen mit Honig und *mostaccioli*, Schalenobst, und *pizze* mit Kandisfrüchten. »Boccione« ist ein Spitzname; der Eigentümer heißt anders; Übernamen haben im Ghetto fast alle, um die vielen gleichnamigen Familien voneinander zu unterscheiden. Boccione hat seine Bäckerei in einem der zwei noch stehenden Bauten des ehemaligen Ghetto: in dem Haus, das den Nachkommen des römischen Dichters Manilio gehörte, wie man sagt. Auf der mit historisch bedeutenden Marmor-Fragmenten und lateinisch-griechischen Inschriften geschmückten Fassade steht ein Datum: 1497.

Die Synagoge am Lungotevere de Cenci ist nicht nur ein Symbol und ein Ort des Kults. Dort befindet sich im ersten Stockwerk auch das jüdische Museum. Zahlreiche Dokumente sind zu sehen, die u. a. die qualvolle Geschichte der römischen Juden bis zum Zweiten Weltkrieg beleuchten. Spontan drängt sich heute eine Frage auf: Gibt es wirklich keinen Antisemitismus in Rom?

Tullia Zevi beantwortet diese Frage nachdenklich. Sie stammt aus einer antifaschistischen jüdischen Familie, die 1938 auswandern mußte; ihre Mutter gehörte jener Familie aus Ferrara an, deren Geschichte Giorgio Bassani in seinem Bestseller »Die Gärten der Finzi Contini« meisterhaft erzählt hat. »Rassisten sind die Römer nicht. Dennoch müssen wir stets die periodisch wiederkehrenden unterirdischen Strömungen von Antisemitismus im Auge behalten«, mahnt Tullia Zevi. »Diese stammen aus drei Quellen: 1. einer katholischen – es braucht lange, bis Vorurteile verschwinden; 2. einer rassistischen im Bereich der Rechtsextremen – die ist aber weit unbedeutender hier; und 3. einer anti-zionistischen im Bereich der extremen Linken. Der Terrorangriff auf die Synagoge 1982 hier hat bewiesen, daß es schwierig ist, zwischen Antisemitismus und Antizionismus zu unterscheiden und die beiden Haltungen genau zu trennen. Wenn man die eine bekämpfen will, kann man die andere nicht ignorieren«.

Aber die Verflechtung von katholischen und jüdischen Römern in der Gesellschaft ist ein selbstverständlicher Tatbestand. Die Römer sind keine Rassisten; dazu sind sie viel zu sehr *bonaccioni*, gutmütige Kerle. Zu seinem großen Kummer gelang es selbst dem Duce nicht, aus ihnen auf die Dauer etwas anderes zu machen. Wenn irgendwie möglich, umgingen sie die faschistischen Rassengesetze, und die grausamste Razzia gegen die römischen Juden, die am »schwarzen Samstag«, mußten deutsche Truppen allein ausführen; Römer hielt man für nicht verläßlich genug.

1986

Gasse im Ghetto

Der Monte di Pietà

BERG DER BARMHERZIGKEIT – Monte di Pietà – nennen die Italiener das erstmals im 5. Jahrhundert eingeführte Finanzierungssystem, das im Deutschen nüchterner und genauer »öffentliches Leihhaus« oder »Pfandhaus« heißt.

Italiener sind allgemein skeptisch auf Grund ihrer historischen Erfahrungen; dieses Mißtrauen übertrug sich auch auf das Bankwesen; die *vox populi* war davon überzeugt, daß Banken ohnehin nur jenen Geld leihen würden, die es in der einen oder anderen Form bereits besäßen und nur vorübergehend nicht liquide seien. De facto waren zu jenen Zeiten die Armen tatsächlich weitgehend den Wucherern ausgeliefert. Um diesem Zustand ein Ende zu bereiten, kamen zwei Franziskanermönche auf die Idee, unter einigen Philantropen Geld zu sammeln und es – gegen Pfand natürlich – jenen zu leihen, die es dringend brauchten. Nach einer festgelegten Frist konnte man das Pfand »zurückerwerben«, zu einem leicht erhöhten Preis, der den Zinsen entsprach. Daher der Ursprung des Begriffs »Barmherzigkeit« in der Bezeichnung der ersten öffentlichen italienischen Pfandhäuser.

Noch bis zur unmittelbaren Nachkriegszeit konnte man in Rom und in anderen italienischen Städten beobachten, wie sich arm gekleidete Leute, alte Menschen, fast beschämt an die Schalter eines *monte* drängten, mit armseligen Bündeln unter den Armen. *Portare le cose al monte*, etwas ins Leihhaus bringen, galt für viele als etwas fast Unehrenhaftes, ein Zeichen äußerster Armut, deren man sich schämen mußte. Regisseur Vittorio de Sica hat dem Monte di Pietà ein Denkmal gesetzt. Und zwar in seinem neorealistischen Kunstwerk »Fahrraddiebe« mit der Szene der Frau eines Arbeitslosen, die gebrauchte Bettwäsche zum *monte* bringt.

Heute hat sich dies alles weitgehend geändert. Nicht nur die Ware, die zum *monte* gebracht wird, ist eine andere; auch die Menschen, die sie dahin bringen, gehören keineswegs nur sozial niedrigen Schichten an, und auch die Gründe, welche die Leute zum Gang *al monte* bewegen, haben sich gewandelt.

Das Hauptpfandhaus in Rom, heute der Banca di Roma angegliedert, ist täglich von halb acht bis halb drei geöffnet. Wer auch nur kurze Zeit auf der Piazza del Monte di Pietà verweilt, nur hundert Schritte von dem allen Touristen bekannten Platz Campo dei Fiori entfernt, erlebt ein Stück noch unverfälschten römischen Lebens. Er kann beobachten, wie viele, auch elegant gekleidete Signore – mehrfach mit schweren Koffern beladen – sicheren Schritts den *monte* betreten, durch die gegenwärtigen elektronischen Sicherheitstüren verschwinden und den kunstvollen Innenhof entlang zu den oberen Stockwerken schreiten. Die Räume mit der Inschrift *analisi di laboratorio* befinden sich da. Dort prüfen vereidigte Fachleute kostbare Silberbestecke, Juwelen und Goldschmuck aller Art, Perlen, Uhren und Teppiche, sowie wertvolle elektronische Geräte. Die eleganten Signore brauchen natürlich keine sofortige finanzielle Unterstützung; vielmehr geht es ihnen darum, ihre Wertsachen während der Sommermonate vor Wohnungsdieben sicherzustellen. Jetzt können sie ruhig in Urlaub fahren. Aus diesem Grunde werden heute auf dem *monte* auch viele Pelzmäntel »gelagert«, das ist für die Besitzer sicherer und preiswerter als in einem Pelzgeschäft.

Natürlich gibt es aber heute auch noch Leute, die bescheidene goldene Schmuckstücke abgeben, weil sie dringend eine bestimmte Summe Geld benötigen. Gerade jetzt, da Italien wieder in einer ernsten ökonomischen Krise steckt. Unter diesen Leuten findet man auch die meisten, welche ihre verpfändeten Gegenstände nicht mehr »loskaufen« können und somit die Frist ablaufen lassen müssen. Die Ware wandert in die angekündigten Versteigerungen des *monte*. Die Schaufenster der vielen kleinen Juwelierläden, welche den Platz des *monte* säumen und die auch sämtliche an- und umliegenden Gassen beleben, sind mit dieser Institution indirekt verbunden.

Der *monte* hat aber heute auch eine ganz andere, unbeabsichtigte Funktion erworben: er dient dem »Recycling« gestohlenen Gutes. Für Eingeweihte ergeben seine Versteigerungen oft gute Geschäfte. Für Fremde aber bieten sie ein einmaliges Schauspiel: Da wird wenig gesprochen, dafür um so mehr mit Mimik und Gestik kommuniziert.

Mit Recht wird der Haupt- und Kulturstadt Rom vorgeworfen, kein renommiertes Theater zu haben. Doch die Welt, die um den Monte di Pietà in Rom kreist, und das Leben, das auf der Piazza pulsiert, ist eine Bühne, die kaum ihresgleichen kennt.

1993

Il biondo Tevere

Der Tiber ist der römische Fluß par excellence; nicht nur weil er sich durch ganz Rom schlängelt und weil man ihm einige der schönsten Brücken verdankt, wie Ponte Milvio – die älteste Brücke der Welt – oder Ponte Sant'Angelo, sondern auch weil der Tiber eng mit der Geschichte der Stadt und mit der Sage der Entstehung Roms verflochten ist.

Aber die Römer – und erst recht die Touristen – würdigen den Tiber kaum mehr eines Blickes. Er ist verschmutzt; zudem meinen viele, der die Stadt in zwei Teile trennende Fluß sei eher ein Verkehrshindernis, weil sich der chaotische römische Verkehr vor und hinter einer Tiberbrücke staut.

Aber der Tiber ist eine der großen Sehenswürdigkeiten der Ewigen Stadt geblieben. Man muß sich nur die Mühe geben, bis zum Flußbett hinabzusteigen oder mit einem Boot von der Tiberinsel im Herzen Roms bis zur Tibermündung nach Fiumicino zu fahren. Diesen Sommer haben Tausende – dank einer neuen Initiative der Stadtverwaltung – wieder eine Beziehung zum Tiber bekommen.

Der Tiber ist in der Tat heute für die meisten Römer ein großer Unbekannter. Man hat völlig vergessen, daß der Fluß einst das Stadtbild und das Leben der Stadt prägte.

Über 30 Jahre lang ist der Tiber vernachlässigt und sich selber überlassen worden. Und so vermochten allmählich Bauspekulation und das monströse chaotische Wachstum der Stadt, die Schuttablagerungen und die Verschmutzung die Römer vom Tiber zu verdrängen.

Und doch waren bis zum 2. Weltkrieg der Tiber und seine Ufer ein beliebter Treffpunkt; hier spielte sich sozusagen das *dolce vita* des Volkes ab; an den Tiberufern amüsierte man sich auf einfache, volkstümliche Art; hier fielen auch die Schranken der sozialen Unterschiede am leichtesten, so wie selten anderswo in Rom.

Durch die diesen Sommer stattfindenden Feste sollen die Römer wieder an die ehemalige Schönheit ihres Flusses erinnert werden; der Tiber soll neu aufleben und wieder in die sozial-urbanistische Struktur der Stadt eingegliedert werden. »Sich den Fluß wieder zu eigen machen«, nennen es die Urbanisten. Oder einfacher ausgedrückt: Die Römer müssen ihren Fluß wieder lieben lernen – denn ohne Liebe stirbt er.

Flavus – »blond« – nannten die lateinischen Dichter den Tiber; denn er führte Lehm und Sand mit sich. Heute hat man die für so viele Italiener poetische Bezeichnung »blond« vergessen und erinnert sich vielmehr daran, daß das Baden hier tödliche Folgen haben kann. 100 Kolibazillen pro Kubikzentimeter ist die Sicherheitsgrenze; an manchen Stellen enthält aber der Tiber dreihunderttausend Kolibazillen. Wobei die vier vorhandenen Kläranlagen bereits 45 Prozent der verschmutzten Wasser klären!

Vergil erzählt in seiner Dichtung, daß der Gott Tiber dem flüchtigen trojanischen Helden Aeneas nach der Eroberung Trojas an der Mündung des Tibers erschienen sei. »Halte hier an«, habe der Vater Tiber Aeneas gesagt. Der Vater Tiber und seine heiligen Wellen würden Aeneas vor jeder Gefahr bewahren und retten und von seinem Geschlecht würde Rom entstehen.

Die Sage der Gründung Roms – 753 v. Chr. – ist eng mit dem Tiber verflochten. Romulus und Remus, die König Amulius auf dem Tiber in einem Korb aussetzen ließ, trieben hier in der Nähe an Land und wurden von einer Wölfin gesäugt.

Der Tiber offenbart einem, steigt man hinab, ein vom Lärm, von den Farben und von der Hektik völlig verschiedenes Rom. *Fiumaroli* nennt man die Menschen, die am und vom

Fluß leben. Bei den *fiumaroli*, auf dem festverankerten Hausboot, spielte sich noch in den 20er Jahren die Badesaison der Römer ab. Eines der uralten Hausboote gehört einem der letzten *fiumaroli* der Stadt. Das Floß steht als Badeanstalt und als Gaststätte allen offen.

Es gibt sie tatsächlich, die Römer, die sich im Tiber noch zu erfrischen wagen, den Millionen Ratten zum Trotz, die mit ihrer Urinabsonderung den Fluß noch zusätzlich verseuchen. Gerade dieser Tage ist ein bekannter römischer Produzent, Boffard, gestorben, infolge einer Infektion, die er sich im Tiber geholt hat. Eine Badende, über 80 Jahre alt, meinte kürzlich herausfordernd: »Der Tiber ist mein Lebensquell.«

Renato ist der älteste *fiumarolo* von Rom. Heute, da er seinen Beruf nicht mehr ausüben kann – d. h. namentlich Leute mit der Fähre übersetzen und Lebensmüde aus dem Tiber retten – hilft er dennoch im Familienbetrieb. Auf die Frage nach dem ersten *fiumarolo* in der Familie antwortet er: »Das war der Vater vom Urgroßvater – und dann war es der Papa vom Papa, dann ich und jetzt mein Sohn. Alles *fiumaroli*. Wir führten hier die Badeanstalt. Es standen natürlich damals Hütten hier; Hütten aus Strohmatten; nachher erst kamen die auf dem Wasser schwimmenden Hausboote. Früher rammte man einfach Pfeiler ein und spannte Matten darüber. Das Baden begann am St. Peterstag, im Juni, und Ende August bauten wir die Hütten und Matten wieder ab. Ostia war damals als Badeort unbekannt; erst Mussolini hat den Römern das Meer als Badeort erschlossen.«

Nur an der Quelle können Leute Tiberwasser trinken, ohne ihr Leben aufs Spiel zu setzen. »Hier entspringt ein Fluß, der dem Schicksal Italiens heilig ist«, erinnert ein in der faschistischen Zeit errichtetes Denkmal.

Die Quelle im toskanischen Apennin, auf dem 1200 Meter hohen Monte Fumaiolo gelegen, ist heute ein beliebter Ausflugsort. Der Tiber fließt von dort nach Süden, durch die

Gebirgsketten Umbriens und des Latiums und wendet sich – oft in engen Tälern – nach Südwesten. Wasserarmut im Sommer und auch gelegentliche Wasserschnellen verhindern, daß der Tiber schiffbar bis Rom ist. Der Fluß durchfließt – außer Rom – keine größere Stadt; in diesem Sinn ist seine Bezeichnung *fiume di Roma*, Fluß Roms, berechtigt.

Die Furcht vor der Malaria hat vermutlich dazu geführt, daß der Tiber toskanische und umbrische Ortschaften berührt, sie aber kaum durchfließt. In vielen Windungen – 400 Kilometer weit – verbreitert sich allmählich sein Bett. Oberhalb Roms tritt er in die Campagna ein. Der Tiber, der sich quer durch die ganze Stadt schlängelt, stellt seit der Gründung des italienischen Staates im Jahr 1870 die natürliche Wassergrenze zwischen der Stadt der Päpste und der des römischen Volkes dar.

Rom wurde in vergangenen Jahrhunderten mehrmals von Überschwemmungen überrascht. Anfang dieses Jahrhunderts hat man den Tiber eingedämmt; jahrzehntelang wurden die so entstandenen Ufer vernachlässigt, heute sollen sie in Grünflächen verwandelt werden; die Aufdeckung immer neuer Ruinen bremst in Rom aber alle Arbeit dieser Art.

Theoretisch sollten Roms Abwässer in vier Kläranlagen fließen, die aber nur teilweise funktionieren. Aus der 200 v. Chr. errichteten *cloaca maxima* fließt heute nur der geringste Teil des Wassers, das den Tiber verseucht. Und doch ist dieser heute so mißachtete und verpönte Fluß für einige immer noch eine willkommene Erwerbsquelle.

Am Ufer, gerade vor dem Krankenhaus Santo Spirito, dessen Abwässer direkt in den Tiber fließen, ist Marcello dabei, seinen Nebenberuf auszuüben, den des *monetaro*, des Münzensuchers. Wie einst die Goldgräber setzt er alles auf das Glück, den großen Fang zu machen. Marcello ist 42 Jahre alt, hat eine kinderreiche Familie und bestreitet sein Leben als

Parkwächter im alten Rom. Mit dem, was er aus dem Tiber fischt, ergänzt er seinen mageren Lohn.

Jeden Tag nach Dienstschluß steigt er zum Tiber hinunter, »wenn das Wasser nicht zu hoch ist«, sagt er. Sonst müsse man zu zweit sein – aus Sicherheitsgründen. Die ergiebigste Stelle ist die bei den Brückenpfeilern. Was man dort findet, in der Mitte des Flusses, darf man behalten, versichert uns Marcello. Was man am Ufer ausgräbt, gibt er zu, sollte man bei der zuständigen Behörde abgeben. Nicht selten findet er silberne Münzen aus der römischen Zeit. Des öfteren aber sind es *bajocchi*, bronzene Münzen aus der *era papalina*, der Zeit des Kirchenstaates (800 bis 1870).

Rund 30 *monetari* teilen sich diesen Beruf in Rom, erklärt uns Marcello. Kaum ein *monetaro* hat direkten Kontakt mit einem Käufer. Geschickte Vermittler schalten sich ein, die den *monetari* für wenig Geld die gefischten Münzen abkaufen und sie dann für weit höhere Preise weiterverkaufen. Und so bleibt Marcello, wie manch anderer, stets der arme *monetaro*, während andere, die nicht arbeiten, Geschäfte auf seine Kosten machen.

Wie aus einer fernen, fremden Welt dringen manchmal Stadtgeräusche bis zum Fischer Gerardo, den das, was sich auf den Brücken Roms tut, völlig unberührt läßt. Morgens um fünf Uhr legt er die Reusen und nachmittags holt er sie wieder heraus. Die Reusen hat er selbst hergestellt und die Netze selbst geknüpft. Gerardo ist ein Fachmann auf seinem Gebiet. Er studiert seit Jahren das Leben der Aale, ihr Reiseziel, ihre Aufenthaltsorte, ihre Gewohnheiten. Er fängt bis zu 30 Kilogramm Aale am Tag. Bekannte Gastwirte gehören zu seinen Kunden. Vom Ertrag kann Gerardo mit seiner Frau und seinen zwei Töchtern gut leben, sagt er. Aber vor allem liebt er seinen Beruf, sein freies Leben, das Abenteuerliche, das damit verbunden ist.

Einst diente der Tiber als Verkehrsweg. Vom antiken Hafen in Ostia wurde die Ware bis in die Stadtmitte befördert. Heute überlegt man wieder, den Tiber innerhalb der Stadt erneut als Straße zu benützen, auch um den Verkehr zu entlasten.

Vor allem aber müssen die Römer, Bevölkerung und Stadtväter, den Tiber erst einmal retten helfen, denn wer den Tiber rettet, hilft auch, Rom zu bewahren.

Den Tiber wieder kennenlernen, um ihn wieder zu lieben – steht auf dem Programm der Initiative »Freunde des Tibers«. Diesem Zweck dienen auch die Tiberfahrten, die jetzt jedes Wochenende, von der Tiberinsel – im Herzen Roms – bis zur Meeresmündung bei Fiumicino führen. Die 45 Kilometer lange Fahrt ist ein Vergnügen, das an vergangene Zeiten erinnert und das einen erahnen läßt, weshalb die Sehnsucht nach Rom stets besungen wird und nie erlischt.

1979

Ponte Milvio

Brunnen, Münzen und Justiz

ROM IST EINE STADT der Quellen und der Brunnen. Die riesigen Wasserleitungen, die die Römer angelegt haben und die das Wasser aus den Bergen der Umgebung herleiten, sowie die großartigen Thermenanlagen beweisen, daß Wasser eine wesentliche Rolle in der Geschichte der Römer spielt. Aber abgesehen von den technischen Wunderwerken der römischen Aquädukte, Kanäle und Zisternen, von denen heute noch die Welt spricht: das fließende Wasser war für die alten Römer ein Symbol der Freude und der belebenden Kraft.

Diese Freude findet ihren konkreten Ausdruck in den zahlreichen Brunnen, die die Stadt schmücken. Allein im Stadtzentrum gibt es deren 135, ohne die Brunnen in den öffentlichen Parkanlagen – wie Villa Borghese oder Villa Sciarra – zu rechnen; Brunnen begegnet man überall – in den Gärten, in den Innenhöfen, in den Straßen.

Die Römer haben zu ihren Brunnen ein besonders emotionales Verhältnis. Viele Touristen wissen nicht, daß sie den Kunst- und Kultursinn der Römer beleidigen, wenn sie sich, von der Stadtbesichtigung erschöpft, in den Brunnen Roms die Füße erfrischen. Denn diese Brunnen sind für Rom Schmuck, Kunst, Zierde – nicht aber Badewannen – sagen sie sich dann quasi empört.

Scharenweise drängen sich die Reisenden aus aller Welt um die Fontana di Trevi, um aus altem Aberglauben eine Münze in den Brunnen zu werfen. Auf diese Weise, so verspricht der traditionelle Ritus, sichert sich der Fremde das Wiedersehen mit der Ewigen Stadt.

Gerade dieser Münzen wegen macht heute die gewaltige im 18. Jahrhundert von Nicola Salvi erbaute Fontana di Trevi erneut von sich reden. Drei römische Hausfrauen, Patrizia, Rosaria und Marisa, waren im vergangenen Februar von einem Verkehrspolizisten *in flagrante* ertappt worden, als sie die von den Touristen in den Brunnen geworfenen Münzen herausfischten. Der Polizist war streng: er klagte die drei Frauen wegen Diebstahls an. Das römische Gericht aber sprach sie frei. In der Urteilsbegründung steht, daß keine strafbare Handlung vorliegt, weil die Münzen »res nullius« sind, also niemandem gehören, so daß, wer sie aufliest, auch keinen Diebstahl begeht.

Rosaria, Patrizia und Marisa verließen siegesbewußt das römische Gericht und übten sich weiter im Herausfischen der von abergläubischen Touristen in den Trevi-Brunnen geworfenen Münzen. Die drei Römerinnen fühlten sich um so sicherer, als sie – als Garantie, sozusagen – das sie freisprechende Urteil stets mit sich trugen.

In diesen Tagen aber, zwei Monate nach dem Freispruch, wurden die drei Frauen erneut von einem Schutzmann auf frischer Tat ertappt. Die sie freisprechende Urteilsbegründung, die die drei Damen prompt vorwiesen, beeindruckte den *vigile* keineswegs, und er klagte sie kurzerhand erneut des Diebstahls an. Dieses Mal verurteilte der Richter die drei Römerinnen, und zwar zu drei Monaten Haft wegen Diebstahls. »Da wir freigesprochen worden waren«, erklärten die Münzenfischerinnen, »glaubten wir, daß nichts dabei sei, wenn wir uns hin und wieder einige wenige Münzen aus dem Brunnen fischten«.

Nun, um »einige wenige Münzen« handelt es sich wohl nicht, denn in acht Monaten, von Juli vergangenen Jahres bis März diesen Jahres, haben Touristen Münzen im Wert von insgesamt 60 Millionen Lire, das heißt rund 83.000 Schweizer Franken, in den Brunnen geworfen. Zur Zeit wird dieses Geld, in Hunderten von Säcken, in der Stadtverwaltung auf dem Kapitol aufgehoben. Die Gemeinderegierung muß erst noch beschließen, wem die Summe zugesprochen werden soll.

Die Gemeinde Rom ist nämlich, so hat schon 1962 das römische Kassationsgericht entschieden, der wahre Eigentümer dieses »Obolus«, den die die Stadt liebenden Touristen in den Brunnen werfen. Aber der Richter, der die drei Römerinnen das erste Mal freigesprochen hatte, war anderer Meinung. Er begründete sein Urteil damit, daß die Gemeinde kein Vorrecht gegenüber dem Bürger habe. »Mit dem Hineinwerfen der Münzen«, so argumentierte er, »bezeugen die Touristen den Wunsch, sich der Münzen zu entledigen – aus welchem Grund auch immer – und nicht etwa, sie der römischen Stadtverwaltung zu schenken.«

Wie man sieht, die Meinungen gehen auseinander. *Scherzi della giustizia*, Scherze der Justiz, kommentierten die römischen Blätter.

1976

Fontana di Trevi

Die römische Frage

IM JAHRE 1861 WAR ROM noch vom Papst und Venetien von den Österreichern besetzt, doch das italienische Königreich unter Viktor Emanuel II. war schon in großen Landesteilen Wirklichkeit geworden. Italien hatte aufgehört, »nur ein geographischer Begriff« zu sein, wie sich Fürst Metternich einst abschätzig ausgedrückt hatte.

Als dann die italienischen Truppen am 20. September 1870, also gut zehn Jahre nach der Konstituierung des Königreiches, durch eine Bresche in der Stadtmauer bei der Porta Pia ins päpstliche Rom eindrangen, mußte sich der Papst bis hinter die Mauern des Vatikanpalastes zurückziehen; seine Truppen waren von den piemontesischen Truppen, die gegen seinen Willen aus Italien einen geeinten weltlichen Staat gestalten wollten, geschlagen worden. Der Nationalstaat Italien hatte seine künftige Hauptstadt gefunden.

»Rom allein kann Italiens Hauptstadt werden«, hat Italiens größter moderner Staatsmann, Camillo Cavour, gesagt, und zwar nach der Formel: *libera Chiesa in libero Stato* – eine freie Kirche in einem freien Staat.

Nach dem Einzug der italienischen Truppen und nach einer Volksabstimmung wurde Rom am 26. Januar 1871 feierlich zur Hauptstadt des Königreiches Italien erklärt. Noch heute gelten die typischen Klänge der Bersaglieri als Symbol für das Ende des Kirchenstaates durch jene piemontesischen Truppen mit den schwarzen Federbüschen auf dem Helm, welche die päpstlichen Streitkräfte niedergerungen haben.

Aber die »römische Frage«, das heißt, die Rolle des Papstes und das Verhältnis zwischen Staat und Kirche, belastete das innenpolitische Leben noch über Jahrzehnte. In dieser Zeit grollte der Papst zurückgezogen im Vatikan, als freiwillig

Gefangener. Eine Versöhnung trat erst ein, als das faschistische Italien und der Papst im Jahre 1929 die Lateranverträge unterzeichneten.

Mitten in Rom liegt der kleinste Staat der Welt, der Vatikanstaat. Er ist 44 Hektar groß, etwa wie zwölf Fußballfelder. In seiner Mitte steht der Petersdom, der größte Dom der Welt. Auf dem Vatikanhügel war unter der Herrschaft des Kaisers Nero im Jahre 64 der Apostel Petrus nach längerer Haft im mamertinischen Kerker hingerichtet und begraben worden. Er ruht heute, von einem gewaltigen Baldachin überdacht, unter der Kuppel des Petersdoms. Das Staats- und Regierungsoberhaupt des Vatikans ist der Papst, der letzte absolute Herrscher.

Die Zeitgenossen hatten den italienischen Einmarsch ins päpstliche Rom ein »drastisches Ereignis« genannt, eine »Zäsur zwischen zwei Epochen«. Es schien anfänglich, als müßte dieses Ereignis jegliche politische Ambivalenz in Rom beseitigen. Aber in Wirklichkeit blieb ein Dualismus mit gravierender politischer Bedeutung bestehen.

Nach wie vor flatterte auf dem kleinen Gebiet des Vatikans die weiß-gelbe päpstliche Fahne, weiterhin wurden dort Münzen mit dem St. Peter-Symbol gestanzt, und hinter den Vatikanmauern unterstehen die »Soldaten«, die Richter und Administratoren der Verwaltung anderen Gesetzen und Institutionen als den italienischen.

Rom war und blieb eine besondere Hauptstadt, *una capitale singolare*, wie Alberto Caracciolo sein Werk über Rom betitelte. Denn an ein und demselben Ort befindet sich eine doppelte Hauptstadt: die religiöse im Mittelpunkt der katholischen Christenheit und die politische des geeinten Italien.

1986

Porta Pia

Seit 2000 Jahren blickt die Menschheit nach Rom

SEIT 2000 JAHREN BLICKT die Menschheit nach Rom. Die italienische Hauptstadt ist unermüdlich beschrieben und gedeutet worden – seit 2000 Jahren. Keine andere Stadt ist so geliebt und so beschimpft worden. Auch wir werden uns hier mit den *mali di Roma*, mit den Mängeln und den Übeln Roms, wie die Italiener sagen, beschäftigen müssen. Dennoch fasziniert diese Stadt nach wie vor: die immer wiederkehrende Vorahnung des Untergangs und der Zauber Roms stehen ganz nahe beieinander. Ein Paradox: »... und nirgends glaub' ich, daß man mehr lernen kann, in Hohem und Niederem, als in Rom«, schrieb Goethe vor 200 Jahren, am 8. Dezember 1787. Eine Frage drängt sich auf: Warum? Warum zieht es die Menschen so unwiderstehlich in diese lärmende, chaotische Stadt?

Die Legende behauptet, Rom sei 753 v. Chr. gegründet worden. Am 21. April feiert man den Gründungstag. Auf dem Turm des Kapitols – Sitz der Stadtregierung – wird dann die römische gelb-weinrote Fahne gehißt. Die Sage behauptet, Romulus – mit seinem Zwillingsbruder Remus in einem Körbchen im Tiber ausgesetzt und von einer Wölfin gerettet – sei der Gründer dieser Stadt. Geschichtlich ist erwiesen, daß die Keimzelle Roms eine Hirtensiedlung auf dem Palatinhügel ist. Diese Siedlung wurde im Laufe der Zeit mit Mauern aus Tuffgestein befestigt und nach ihrer Gestalt *Roma quadrata* genannt. Von dieser Siedlung zogen die Römer aus und eroberten die Welt.

SPQR – Senatus Popolusque Romanus – diese vier Buchstaben aus dem alten Rom finden wir bis heute überall: auf den öffentlichen Verkehrsmitteln, an den Straßenlaternen, auf den Kanaldeckeln, an allem, was kommunales Eigentum ist. SPQR – im alten Rom standen diese vier Buchstaben für die Einheit von Senat und Volk; sie demonstrierten vor zwei Jahrtausenden die Macht und die Herrlichkeit der Republik. Und sie repräsentierten ein Kaiserreich, das sich von Britannien bis Ägypten erstreckte. An die einstige Größe erinnern noch heute Tempel, Thermen, Theater, Triumphbögen, Säulen, Statuen und Foren.

Wenn Sie auf der Via dei Fori Imperiali von der Piazza Venezia in Richtung Kolosseum gehen, nur wenige Schritte vom Eingang zum Forum Romanum entfernt, können Sie auf der rechten Seite ein anschauliches Bild des Werdegangs dieser Welteroberung im Laufe der Jahrhunderte gewinnen. Benito Mussolini, der sich als Nachfolger der Caesaren empfand, ließ diese Tafeln aus weißem und schwarzem Marmor in den 30er Jahren anbringen, als er das mittelalterliche Viertel abriß, um durch die Foren hindurch eine Prachtstraße anzulegen, die er für seine Paraden und Aufmärsche benötigte. Daneben ließ er auch in einem grotesken Vergleich einige Tafeln anbringen, die die Ausbreitung »seines« Reiches in Ostafrika darstellten. Diese Tafeln wurden zwar 1945 entfernt, aber noch heute steht im Foro Italico, ganz in der Nähe von Ponte Milvio, der ältesten Brücke der Welt, ein Marmorobelisk mit der gewaltigen Inschrift *Mussolini Dux*. Daß es den Römern nie eingefallen ist, diesen Obelisken niederzureißen, sagt etwas aus über die Art, wie sie ihre Vergangenheit bewältigen – oder eben nicht bewältigen.

Für Rom beginnt der Eintritt in die Moderne sehr spät, im Grunde erst 1871, als es zur Hauptstadt deklariert wurde. Rom ist eine besondere Hauptstadt, denn es hat sich – ganz anders als Paris, London, Wien oder Madrid – nicht zur bedeutendsten, das heißt landesführenden, also mit der

Nation sich identifizierenden Stadt entwickelt. Andererseits ist Rom auch keine »erfundene« Hauptstadt wie Bonn, Washington oder Brasilia. Trotz seines Glanzes aus der Antike, aus der Renaissance und aus der Barockzeit war Rom, als es zur Hauptstadt bestimmt wurde, doch nur eine heruntergekommene päpstliche Stadt in einem von Sümpfen umgebenen Viertel. Allein auf Grund seines antiken Mythos wurde Rom die Hauptstadt des Landes.

Ein gedeihliches Verhältnis der Römer zu ihrer Hauptstadt gibt es nicht und hat es auch nie gegeben. Das wird verständlich, wenn man bedenkt, daß die römische Kommunalverwaltung bis 1870 völlig unter der kirchlichen Hierarchie stand. Als Rom zur Hauptstadt des geeinten Königreichs erhoben wurde, war es auf diese Aufgabe überhaupt nicht vorbereitet. Die Regierenden beschlossen damals, jegliche Industrie von der Metropole fernzuhalten. Sie fürchteten das Proletariat! Man bedenke: Rom wurde Hauptstadt im Jahr der Pariser Kommune! Alle waren sich damals einig in ihrer Einstellung gegen die Industrialisierung Roms: die Regierung, der Papst, die Aristokraten und die bürgerlichen Grundbesitzer. Denn als Hauptstadt bot Rom ohnehin eine außerordentlich günstige Gelegenheit, die Grundrenten in die Höhe zu treiben. Die Stadt blieb den Finanzinteressen von Grundbesitzern und Klerus ausgeliefert.

Der Verlust der historischen und der städtebaulichen Qualität begann mit der Einigung Italiens und mit der Erklärung Roms zur Hauptstadt. Die daraus folgende rasche Bevölkerungszunahme ist eine weitere Ursache des Qualitätsverlustes. In das feine Netz der Straßen, Gärten und Gebäude wurden riesige Löcher gerissen, für den Bau von Ministerien, für neue Verbindungsstraßen (wie z. B. die Via Nazionale, die heute von der Piazza della Repubblica zur Piazza Venezia führt) und gutbürgerliche Mietskasernen für ein Heer von Beamten, das die

Hauptstadt zu bevölkern begann. Krönung dieser Eingriffe war die Zerstörung des Stadtviertels um das Kapitol und die Errichtung des monumentalen Denkmals für Viktor Emanuel II., den ersten König des vereinten Italien, aus weißem Marmor, das seit 1911 Rom beherrscht. Offiziell heißt heute das Denkmal pompös »der Altar des Vaterlandes«, weil darunter das Grab des unbekannten Soldaten liegt. Im Volksmund nennt man es, spöttisch auf seine Form anspielend, »die Schreibmaschine« oder »das Gebiß«.

Der Faschismus baute Pracht- und Paradestraßen für die großen Aufmärsche, besonders die militärischen. Mussolini schrieb damals:
»... alles Malerische ist dazu bestimmt,
zusammenzubrechen und muß zusammenbrechen
im Namen der Würde, der Hygiene und, wenn
Sie so wollen, auch der Schönheit der Stadt.«

In den 20er Jahren bis zum Kriegsende, unter der faschistischen Diktatur, war jede Gemeindeautonomie von vornherein ausgeschaltet. Mussolini hatte 1924 die Probleme Roms in zwei Kategorien eingeteilt: jenes der Not und jenes der *grandezza*, der Pracht. Das erste faßte der *Duce* mit einem Doppelbegriff zusammen: *case e comunicazioni*, Häuser und Straßen. Das bedeutete konkret, daß die zwei Sektoren gefördert werden sollten, die typisch sind für die kolossalen Spekulationen in der Baugeschichte der römischen Hauptstadt. Dem *grandezza*-Wahn Mussolinis fielen, gestützt auf den Bebauungsplan von 1931, ganze Viertel des historischen Zentrums zum Opfer, darunter – wie bereits erwähnt – der Bezirk um das Forum Romanum und jener vom rechten Tiberufer bis zum St. Petersplatz.

Die Bewohner der abgerissenen Stadtviertel, meist kleine Händler oder Handwerker, wurden in die entfernte Peripherie zwangsumgesiedelt. Dazu hatte der Faschismus die sogenannten *borgate* geschaffen: stadtferne, unfreundliche Wohnviertel, die aus einer Ansammlung von billigen Häusern bestehen. Die dorthin buchstäblich deportierten kleinen Handwerker hatten nicht nur ihre Wurzeln, sondern auch ihre Erwerbsmöglichkeit verloren. Dennoch gehört es zur baustädtischen Tragödie Roms, daß diese faschistischen Siedlungen geradezu menschenfreundlich sind, verglichen mit dem, was nach Kriegsende geschaffen wurde. Einige *borgate* stehen heute sogar unter Denkmalschutz.

Vom urbanistischen Standpunkt aus betrachtet, ist Rom unter dem Faschismus nicht so sehr zerstört worden, wie unmittelbar nach Kriegsende im Zuge des spekulativen Bau-Booms – Mitte der 50er bis Mitte der 60er Jahre –, in den die jeweiligen christlich-demokratischen Stadtregierungen verwickelt waren. Die Gründe für den chronisch besorgniserregenden Zustand der Stadt Rom stammen hauptsächlich aus dieser Periode, in der die Stadtregierung diese urbanistische Entwicklung beschlossen hat. Antonio Cederna, einer der namhaftesten italienischen Urbanisten, sagt deutlich, wie es zur heutigen Misere kam: »Die Stadtregierung hat in der Nachkriegszeit in zynischer Weise jegliche moderne urbanistische Planungspolitik abgelehnt, und nur dem exklusiven Kult der Rendite durch Spekulation gefrönt. Alle Vorschläge der Fachleute wurden über Bord geworfen; statt dessen ist eine wahllose, strahlenförmige Ausdehnung der Stadt gefördert worden. Im *centro storico*, dem historischen Kern, konzentrierten sich alle städtischen Funktionen und somit der Verkehr.« Das hat u. a. zu dem Absurdum geführt, daß – laut der Volkszählung von 1981 – im historischen Zentrum 204.000 Angestellte – in der öffentlichen Verwaltung, in Banken und Handelsunternehmen – arbeiteten, jedoch nur 156.000 Menschen hier wohnten.

Außerhalb Roms aber ist eine trostlose Peripherie entstanden, die nur eine Ansammlung von »Wohn-Kubikmetern« ist, ohne öffentliche Grünflächen, ohne die elementarsten Freiräume und ohne Spielplätze. Keine westeuropäische Hauptstadt hat pro Einwohner so wenig öffentliches Grün wie Rom, nämlich nur 80 Quadratzentimeter.

Was Rom von den übrigen europäischen Städten unterscheidet, ist der Tatbestand, daß die neuen Wohnviertel groteskerweise noch ungeeigneter für das moderne Leben sind als die, welche in den vorausgegangenen Jahrhunderten gebaut worden sind. Zu dieser schändlichen, »legal« entstandenen neuen Stadt rund um den historischen Stadtkern, hat sich zusätzlich eine sogenannte *città spontanea* entwickelt, eine Stadt aus illegal errichteten Wohnsiedlungen. Dies hat dazu geführt, daß Rom von allen Himmelsrichtungen her »stranguliert wird«, wie Antonio Cederna sich ausdrückt.

Die urbanistische Mißbildung schafft ein schier unlösbares Verkehrsproblem, in dessen Folge auch die öffentlichen Dienste – von den Transportmitteln bis zur Müllabfuhr – nicht nur kostspielig sind, sondern auch schlecht funktionieren.

Zweifellos kommt erschwerend hinzu, daß der Bau einer Untergrundbahn in Rom auf besondere Hindernisse stößt – auf archäologische und bürokratische. Letztere sind es, welche die sich stellenden Probleme kultureller Art in fast unüberwindbare Schwierigkeiten verwandeln. Eine U-Bahn-Linie, die das Zentrum (Bahnhof Termini und Kolosseum) mit Ostia am Meer verbindet, war vor 30 Jahren fertiggestellt worden; aber der zentrale Achsenstrang A, der quer durch die Stadt von Cinecittà bis St. Peter läuft, verlangte, sich durch 3000 Jahre Geschichte wie ein Maulwurf hindurchzugraben. Immer wieder stieß man auf antike Wasserleitungen, auf das Fundament eines Mausoleums, auf eine Jupiterstatue – Funde, die den U-Bahnbau aufhielten.

Regisseur Federico Fellini läßt in seinem Film »Roma« einen Ingenieur sagen: »Wir haben uns die Aufgabe gestellt, der Stadt ein modernes Verkehrsmittel zu bauen, wie in anderen modernen Städten. Aber nun stellte sich heraus, daß wir eine archäologische und anthropologische Aufgabe haben, denn wir müssen durch acht Kulturschichten unterirdisch hindurch«. Die Funde mußten begutachtet werden, und die Bürokratie unterbrach immer und immer wieder die Bauarbeiten. Hätte man eine Satellitenstadt gebaut, östlich oder westlich von Rom, wie Fachexperten Ende der 40er Jahre der Stadtregierung vorgeschlagen hatten, wäre selbst der Bau eines U-Bahn-Netzes realisierbar gewesen.

Der Verkehr machte den Römern bereits vor 2500 Jahren zu schaffen, wie eine antike lateinische Inschrift, vermutlich aus dem 5. Jahrhundert v. Chr. zeigt: es ist ein auf einem Grenzstein eingehauenes »Durchgangs-Verbot«. Heute noch wickelt sich der größte Teil des Verkehrs auf jenem Geflecht von alten und antiken Straßen und auf jenen von architektonischer Harmonie geprägten Plätzen ab – und zwar im Schneckentempo. Denn statistisch erwiesen ist, daß die Durchschnittsgeschwindigkeit von Privatwagen im Stadtzentrum 13 Stundenkilometer beträgt; die der öffentlichen Verkehrsmittel – Taxis ausgenommen – sechs Stundenkilometer. Selbst wenn das ganze historische Zentrum für den Verkehr gesperrt würde – was wohl früher oder später doch der Fall sein wird, damit die Kunststätten für zukünftige Generationen erhalten bleiben –, selbst dann wäre das Verkehrsproblem nicht gelöst, denn der Stau würde sich hinter den äußeren Perimeter verlegen, von den Aurelianischen Mauern bis zum Tiber.

»Eine häßliche Großgarage«, definierte der berühmteste italienische Schriftsteller der Gegenwart, Alberto Moravia, die Hauptstadt. Täglich setzen sich in Rom rund 1,5 Millionen Menschen in Bewegung; rund 40 Prozent davon bedienen sich der öffentlichen Verkehrsmittel – Autobusse, Straßenbahn und U-Bahn – die restlichen 60 Prozent fahren mit dem eigenen Wagen. In Zahlen bedeutet das, daß täglich mindestens 600.000 Privatautos, unzählige Motorräder, rund 2500 Busse und 5000 Taxis durch Rom fahren. Es gibt wenige Parkplätze, die Parkverbote werden ignoriert, die Wagen läßt man an der geeignetsten Stelle stehen; alles das trägt dazu bei, daß der Verkehr verlangsamt wird. Nur 25 Prozent der römischen Verkehrspolizisten kontrolliert wirklich die Verkehrssituation, die Mehrheit zieht die Büroarbeit vor.

Eine weitere Folge des Verkehrs ist der Lärm. Die von der Organisation für wissenschaftliche Zusammenarbeit der westlichen Länder festgesetzte akustische Höchstgrenze beträgt 65 Dezibel. In Rom verzeichnet man tagsüber im Durchschnitt 73,5 Dezibel; damit gehört Rom zu den akustisch am stärksten verschmutzten Städten Westeuropas.

Ein Muster an Effizienz ist Rom wahrlich nie gewesen. Unter den Italienern haben die Römer den Ruf, *menefreghisti* zu sein, das heißt soviel wie gleichgültig, ungerührt, indifferent, »wurschtig«. So waren Zeit und Pünktlichkeit in Rom schon immer Sache des Ungefähren. Bereits Seneca, der im Jahre 65 n. Chr. gestorbene Philosoph und Schriftsteller, beklagte, daß man in Rom nie die genaue Stunde in Erfahrung bringen könne. Auch heute wird das Leben hier in einem zeitlich sehr elastischen Rahmen gehalten. Die elektrischen Uhren auf den Straßen gehen meistens falsch; und im neuen römischen Gerichtsgebäude – architektonisch supermodern – gehen die Uhren vom ersten bis zum vierten Stock überhaupt nicht – und das seit Jahren. Sie zeigen alle dieselbe Zeit an, nämlich null Uhr. Verabredet man sich in Rom, so fügt der Römer der Uhrzeit auch die Bemerkung *minuto più, minuto meno*, früher oder später, hinzu.

Auch für Sauberkeit war Rom nie berühmt. Heute noch kann man an bestimmten Palazzi im *centro storico* Marmortafeln sehen, die vor zwei oder drei Jahrhunderten eingemauert wurden und auf denen zu lesen ist, daß alle, die die Straße verunreinigen, mit Peitschenhieben bestraft werden.

Ist nicht aber vielleicht die allgemeine Unordnung für alle bequem? Der Journalist Luigi Barzini erklärte die Gründe: »Die Bürokraten wollen die Unordnung, weil sie in der Unordnung eine größere Macht haben. Die Regierung will die Unordnung, weil es sich in der Unordnung leichter regiert; die Opposition will die Unordnung, weil sie die Zahl ihrer Anhänger vermehrt und der Polemik Argumente liefert. Die Reichen wollen sie, weil sie eine unbeugsame Verwaltung fürchten. Die Unternehmer wollen sie, weil sie ihre Autonomie dabei finden, eine anarchistische Freiheit. Die Armen wollen sie, weil sie dabei immer noch etwas abknabbern. Die Chefs der staatlichen Wirtschaftsunternehmen wollen sie, um nicht genau kontrolliert zu werden. Solange die große Mehrheit der Italiener, auch wenn sie mit lauter Stimme klagt, dennoch heimlich die Unordnung begünstigt, wird es nicht möglich sein, das Italien zu schaffen, das im Grunde jeder den eigenen Kindern hinterlassen möchte.«

Offen gestanden: Ich habe eine wütende Beziehung zu Rom. Zorn und Empörung erfassen mich, wenn ich die fortschreitende Ent-Wertung der Stadt betrachte, für die wohl die *autorità* verantwortlich ist, aber auch der mangelnde Bürgersinn so vieler Römer. Alberto Moravia liegt nicht falsch, wenn er behauptet: »Rom ist eine zerschlagene, zusammenhanglose Großstadt: Sitz eines Staates, der kein Staat ist, Hauptstadt einer Nation, die keine Nation ist.« Auch der Papst bezieht sich immer öfter auf den »moralischen Verfall« der Ewigen Stadt. Sicher kennt er den gängigen Spottvers: *Quando a Roma s'è posto er piede, resta la rabbia e se ne va la fede*, frei übersetzt: Wenn man nach Rom kommt, bleibt der Zorn und der Glaube geht. Rom ist schwierig. Und trotzdem – Rom übt auf mich nach wie vor eine irrationale

Anziehungskraft aus; ich liebe Rom. Ich lebe im Widerspruch.

Ich stehe nicht allein. Jede Umfrage – auch offizielle – über die Lebensqualität in Rom stößt auf denselben Widerspruch: trotz aller Klagen, trotz aller Befürchtungen einer Levantinisierung der italienischen Hauptstadt, trotz des Stöhnens über Schmutz, Vergiftung, Verkehr und angegriffene Kunstwerke: kein Römer würde Rom ohne Not verlassen und in eine andere Stadt ziehen. Und fragt man Auslandskorrespondenten, was sie von Rom halten, wie dies vor einigen Monaten der Mailänder *Corriere della Sera* getan hat, so antworten sie in der überwiegenden Mehrheit: »Schmutziges, chaotisches Rom, wie sehr liebe ich dich!« Daraus muß man eben schließen, daß diese Stadt ein Geheimnis in sich birgt, wenn Rom einen – trotz seiner Mängel – verführt und gefangenhält.

Die Verführung erfolgt allmählich und vollzieht sich unbewußt. Eines schönen Tages endecken die nach Rom Gezogenen – ob Italiener oder Ausländer –, daß sie sich angepaßt haben und integriert sind, auch wenn das Lamento über das nicht funktionierende Rom fast als Pflichtkür weiter anhält. Innerlich spüren sie aber, wie sie sich daran gewöhnt haben, daß weder die Post noch die Eisenbahn, weder der Flugverkehr noch die Autobusse, weder die Müllabfuhr noch die Krankenhäuser den Regeln gehorchen. Ich möchte die Behauptung wagen, daß nicht zuletzt sogar die hier lebenden Ausländer die Unordnung mögen; allerdings nur hier – nicht im eigenen Land. Es ist, als würde ihnen die Unordnung des römischen Alltags ein bis dahin unbekanntes Gefühl der Freiheit – der inneren und äußeren – vermitteln und ein Gefühl der Zusammengehörigkeit.

Unbestreitbar ist, daß im chaotischen Rom eine Kontakt- und Gesprächsfreudigkeit herrschen, die in manchen geordneten westeuropäischen Städten verloren gegangen sind. Das Interesse für den Menschen ist immer vorhanden. Je schneller es jemandem gelingt – wo, wann und wie auch immer – einen menschlichen Kontakt herzustellen – selbst mit einem grimmigen Beamten hinter dem Schalter –, um so eher werden alle bürokratischen Hindernisse beseitigt; ja, auch ohne Schmier- und Trinkgelder.

Die Römer sind schlechte Bürger, aber gutmütige Menschen – *banoccioni*, wie man hier sagt. Alle jene Tugenden, welche den Römern – und einem Großteil der Italiener – im Umgang mit Staat und Gesellschaft abgehen – Ordnung, Fleiß, Loyalität, Achtung vor dem Nächsten –, wenden sie meistens auf einer anderen Ebene an: innerhalb der Familie und des engeren Freundeskreises. Daher auch die Gültigkeit der Aussage von Luigi Barzini: die Italiener haben private Tugenden und öffentliche Laster.

Erasmus von Rotterdam hat vor mehr als 400 Jahren einen Brief aus Rom geschrieben. Darin heißt es: »Wen hat diese Stadt nicht in ihrem sanften Schoß liebkost und erzogen, mochte er auch auf einer fremden Erde geboren sein? Wer fühlt sich dort als Fremdling, wenn er auch vom Ende der Welt hergekommen war? Ja, wie vielen war Rom nicht teurer, süßer, segensreicher als ihr eigenes Vaterland? Oder wo gab es einen noch so rauhen Geist, den nicht die Stadt Rom durch das Leben in ihr milder und reifer zu uns kommen ließ? Oder wer brachte auch nur eine kurze Zeit in ihr zu, der ungern von ihr schied, der nicht jede ihm dargebotene Gelegenheit, zu ihr zurückzukehren, freudig ergriff, oder sie selbst herbeizog?«

Die römische Quelle, aus der klassische Schriftsteller und Dichter ihre poetische Kraft schöpften, ist nicht mehr dieselbe. Dennoch verführt die Stadt auch heute noch »durch das Leben in ihr«, wie Erasmus schreibt. Das ist es, was die Menschen weiterhin so unwiderstehlich nach Rom zieht.

1987

Die Wölfin mit Romulus und Remus auf dem Kapitol

Villa Giulia –
Notizen zu den Etruskern

Wenn mir die Frage gestellt würde, was ich einem Romreisenden zeigen würde, wenn aus der Fülle der sich bietenden Sehenswürdigkeiten und der Unerschöpflichkeit Roms nur *eine* gewählt werden dürfte, würde mir bang ums Herz. Und zwar gleich zweimal bang: zunächst als Römerin und dann als Journalistin. Ich hätte Angst, jemandem Unrecht zu tun; die Entscheidung fiele mir schwer. Um so mehr ist die Frage berechtigt, weshalb meine Wahl, letzten Endes, auf das etruskische Museum in der Villa Giulia fallen würde.

Namentlich aus dem Grund, daß wir alle in den kommenden Monaten viel über die Etrusker reden und lesen werden. Im kommenden Jahr, 1985, wird das seit langer Zeit geplante *progetto etrusco* verwirklicht. Es handelt sich um eine großangelegte Kultur-Initiative, in deren Mittelpunkt zwei Ereignisse stehen: die Eröffnung einer Sonderausstellung in Florenz und die Tagung eines internationalen Kongresses der Etruskologen. Außerdem werden zahlreiche lokale Kulturkundgebungen veranstaltet, namentlich in jenen Gegenden und Städten, die in einem direkten Zusammenhang zu den Etruskern stehen. Die Italiener sprechen bereits vom »Jahr der Etrusker«. An dieser Initiative und Organisation beteiligen sich nicht nur die klassischen Regionen Etruriens – also die Toskana, Latium und Umbrien – sondern auch der italienische Staat und internationale Organisationen wie die Europäische Gemeinschaft, der Europarat, das Europaparlament und die Unesco.

Unzählige Werke und Studien über die Etrusker sind auf der ganzen Welt veröffentlicht worden; seit Jahrhunderten befassen sich Fachleute mit der etruskischen Welt. Es ist nicht möglich, in Kürze auch nur die Grundzüge dieses Volkes und seiner Kultur zu zeichnen. Aber ich möchte versuchen, Ihnen über die Etrusker so viel – oder genauer gesagt, so wenig – zu erzählen, daß es Sie interessieren wird, mehr über sie zu erfahren. Und ich wäre glücklich, wenn das Gefühl der Freude und der Dankbarkeit, das die Kultur der Etrusker mir persönlich vermittelt, auch ein wenig auf Sie überspringen würde. Die Etrusker haben nämlich wesentlich zur Entstehung und Entwicklung der italienischen Kultur beigetragen; genauer: sie sind die erste große Kultur Italiens.

Die Etrusker liebten das Leben, die Familie und hatten großen Respekt vor der Natur; sie lebten in dem Bewußtsein, nur »vorübergehend« an dem weiten Lauf der Geschichte teilzunehmen, und sie begingen nie Verbrechen gegen die Menschheit. Nur selten erfahren wir von grausamen Taten, und dann sind es Taten Einzelner. Die Etrusker waren kunstliebend, mutige Seefahrer, Händler, Bauern, Handwerker. Sie waren, wie man den Kindern in den italienischen Schulen beibringt, *il succo*, die Kraft, der Saft des italischen Bodens.

Wir sollten zunächst einmal kurz festhalten, daß sich die Etrusker erst zwischen dem 8. und dem 1. Jahrhundert v. Chr. zu einer Volkseinheit mit einer eigenen Sprache und eigenen Sitten und Gebräuchen entwickelt zu haben scheinen. Diese Einheit als Volk war aber in den verschiedenen Regionen nicht ganz homogen. Und so kann die Behauptung aufgestellt werden, daß die Etrusker als ethnische Einheit das Ergebnis der Verschmelzung verschiedener Völker und Kulturen waren. Was uns überliefert wurde, enthält denn auch zahlreiche italische Elemente, die vermischt sind mit orientalischen (syroägyptischen) und griechischen Einflüssen.

Der Kultur der Etrusker geht die der Villanova voraus (so genannt, weil man sie zuerst in Villanova, in der Nähe Bolognas, entdeckte). Man kann sagen, daß die Etrusker denselben

Weg gegangen sind wie jenes Volk, das den Übergang von der Bronzezeit zur Eisenzeit erlebt hatte, und daß sie dann ihren Staat in jenem fruchtbaren Gebiet zwischen dem Tiber und dem Arnofluß konsolidierten. Man fragt sich sogar, ob die Villanova nicht auch schon Etrusker waren.

Eine Fülle von Geheimnissen umgibt nach wie vor die Etrusker; sie tragen zu dem Zauber bei, den die etruskische Kunst und Kultur noch heute ausstrahlen. Zwar hat die Forschung in den letzten 40 Jahren gewaltige Schritte getan, das etruskische Rätsel zu lösen – so verdanken wir der Entwicklung der technischen Forschungsmittel neue Erkenntnisse – doch bleiben zwei Fragen weiterhin ungeklärt: die Herkunft der Etrusker und ihre Sprache.

Was ihre Herkunft angeht, so lautete bereits im 5. Jahrhundert v. Chr. die These des Griechen Herodot, daß die Etrusker aus Kleinasien stammen und sie von dort auf dem Seeweg nach Italien eingewandert sind. Eine andere These besagt, daß die Etrusker von Norden her über die Alpen einwanderten, während eine dritte These behauptet, daß sie Urbewohner, sozusagen Erstbesiedler des Landes waren, das dann von indoeuropäischen Invasionen überflutet wurde.

Woher die Etrusker auch kommen mögen: sie gehörten der antiken Bevölkerung auf der italischen Halbinsel an und waren in Etrurien angesiedelt, in den Gebieten, die der heutigen Toskana, dem nördlichen Latium und Umbrien entsprechen.

Neben der Frage der Herkunft ist auch die der Sprache nicht endgültig geklärt. Wohl kennt man ungefähr 10.000 etruskische Inschriften, doch gibt es Schwierigkeiten mit deren Interpretation. Es stehen fast nur Grabinschriften zur Verfügung, kein zweisprachiger Text ist aufgefunden worden. Somit haben wir den Schlüssel noch nicht, der uns die Interpretation der etruskischen Sprache erschließen kann. Fest steht aber, daß die Schrift der Etrusker auf ein westgriechisches Alphabet zurückgeht.

»Es ist«, so drückte sich kürzlich der bedeutende italienische Etruskologe Massimo Pallottino aus, »als hielten wir eine Zeitung in den Händen, deren Buchstaben uns bekannt sind, ohne daß wir aber den Sinn davon erfassen können«.

Chronologisch ist festzuhalten, daß die Etrusker im 8. Jahrhundert v. Chr. das Innere Etruriens besiedelten und seit dem 6. Jahrhundert ihre Macht ausdehnten: im Norden drangen sie bis in die Po-Ebene vor, im Süden eroberten sie Latium und unterwarfen Rom.
Die Etrusker gründeten eine Reihe von sogenannten Stadt-Staaten, eine Liga, die zwölf Stämme zu einer politischen und religiösen Einheit zusammenfaßte, dem sogenannten 12-Städtebund. Die zwölf Stämme oder Städte waren Vejo, Caere, Tarquinia, Vulci, Rusellae, Vetulonia, Volsinii, Clusium, Perusia, Cortona, Arezzo und Volterra. Sie hielten in bestimmten Abständen in ihrem Bundesheiligtum, dem Tempel der Voltumna bei Volsinii, eine feierliche Versammlung ab. Die Abgeordneten berieten dort über das Wohl der Nation und wählten zur Verteidigung der Interessen der Gesamtheit den »Magistrat der etruskischen Nation«. Trotz der Meinungsverschiedenheiten, die die Gemeinschaft fortwährend bedrohten, vereinigten die Etrusker von nun an bisweilen ihre militärischen Kräfte zu gemeinsamen Unternehmungen. Schließlich erweiterten sie ihr Betätigungsfeld: Nicht nur machten sie den Boden fruchtbar, sondern sie überschritten ihre Grenzen und gründeten ein Reich, das für kurze Zeit fast die ganze Halbinsel umfaßte. So entstand im 6. Jahrhundert v. Chr. in der Po-Ebene ein neues Etrurien, das ebenfalls zwölf Städte umfaßte, u. a. Bologna (Felsina), Marzabotto, Parma, Modena, Ravenna, Spina, Melpum (vielleicht das heutige Mailand?) und Mantua.

In Rom herrschte von 550 bis 475 v. Chr. die etruskische Dynastie der Tarquinier. Noch südlicher stellten die Etrusker eine direkte Verbindung zu Großgriechenland – zur *Magna Grecia* – her. Auch hier, so liest man, soll es sich wieder um einen 12-Städtebund gehandelt haben. Ursprünglich wurden die Städte von Königen regiert; neben ihnen setzten sich früh adlige Geschlechter durch.

Die Macht der Etrusker auf dem Meer entsprach ihrem Einfluß auf dem Lande. Ihre ältesten Städte, Vetulonia, Vulci, Tarquinia und Caere lagen nur wenige Kilometer von kleinen Häfen entfernt.

Im 5. Jahrhundert v. Chr. setzte der Niedergang der Etrusker ein. Bei Ariccia erlitten sie eine Niederlage durch die mit Cumae verbündeten Latiner. 474 v. Chr. wurden die Etrusker durch Hieron von Syrakus in der Seeschlacht von Cumae geschlagen. Im 4. Jahrhundert v. Chr. führte das Vordringen der Kelten (Gallier) zur Zerstörung der etruskischen Macht in der Po-Ebene. Unmittelbar nach dem Jahre 400 v. Chr. fiel die Stadt Vejo in Südetrurien in römische Hand. Im 3. Jahrhundert v. Chr. gerieten die Stadt-Staaten nach und nach unter römische Hoheit.

Aber die Geschichte der Etrusker geht nicht, wie manche glauben könnten, zu Ende, nachdem die Römer sie besiegt hatten. Einige ihrer Städte wurden zwar völlig zerstört und ihre politische Freiheit ging verloren, ganze Stämme wurden vertrieben und Massaker wurden verübt. Doch entstanden vor den Toren der zerstörten Städte, dort, wo sich die Überlebenden niederließen, neue Städte, so z. B. in Volsinii novi und Falerii novi. Unter neuen Bedingungen lebten hier z. T. die alten Traditionen fort, ein Zeichen für die ungeheure Vitalität des etruskischen Volkes.

Das zentrale Anliegen des etruskischen Lebens war die Religion. Die Etrusker fühlten sich in der Gewalt und Abhängigkeit der Götter, die ihr Schicksal bestimmten. Sie stellten sich ihre Götter wechselhaft, ungeschlechtlich, mehrgestaltig und symbolhaft vor. So Vertumnus, der nach Varro der oberste Gott Etruriens war. Bald war er ein abscheuliches Ungeheuer, bald ein Kriegsgott. Diese ursprüngliche etruskische Auffassung von der Gottheit machte allmählich der Individualisierung nach griechischem Vorbild Platz; bald wurden etruskische Götter den griechischen gleichgestellt. Tin entsprach Zeus, Uni der Hera, Turan der Aphrodite. Nur Vertumnus blieb ohne griechisch-römische Entsprechung.

Und wie sah der Alltag der Etrusker aus? Darüber weiß man heute viel, im Gegensatz zu Herkunft und Sprache. Denn die Etrusker haben uns ihr Leben durch ihren Totenkult überliefert. Sie waren überzeugt davon, daß der Tote weiterlebt. Darum schufen sie ihm z.T. Häuser, die aus festerem Material waren als die der Lebenden, natürlich je nach ihrem Stand und ihrem Vermögen. Sie gaben dem Toten alles mit, was er auch zu Lebzeiten hatte: Speisen, Geräte, Gefäße, Waffen, Schmuck, Wagen, Götterbilder. Was man aber nicht konkret mitgeben konnte – wie Gesang, Spiele, Gastmähler, Musik und Tanz –, das gab man ihm im Bilde mit, an die Wände seines Grabhauses gemalt. So vermittelt uns das Reich der Toten eine genaue Vorstellung vom Reich der Lebenden. 90 Prozent von dem, was wir über den Alltag der Etrusker wissen, rührt von den Gräbern her. Von den Städten der Lebenden weiß man, trotz neuer Forschungen, relativ wenig.

Wir wissen z. B., daß die Etrusker fleißige und geschickte Bauern waren, die sich mit Freude der Viehzucht, dem Getreide-, Flachs- und Weinanbau widmeten. Der Wein der Etrusker war in Griechenland seit der Zeit Alexanders bekannt. Man wird ihn dort so gepriesen haben wie wir heute den Chianti, der aus dem Herzen Etruriens stammt.

Aus den Malereien an den Grabwänden erfahren wir, daß die Etrusker leidenschaftliche Jäger waren – damals gab es dichte Wälder. In der *tomba della querciola* und der *tomba della scrofa nera* in Tarquinia wird bildlich eine Wildschwein-, eine Hirsch- und eine Hasenjagd dargestellt. Ferner sind auf den etruskischen Malereien eine Fülle von Vögeln im Flug oder in den Bäumen sitzend dargestellt. Tänzer bewegen sich inmitten von Amseln und Drosseln, die sich auf den Zweigen wiegen. Auch afrikanische Raubtiere kommen in den Malereien vor, was vom Handel und dem Kulturaustausch mit anderen Völkern zeugt.

Der Fischfang hat bei den Etruskern auch eine große Rolle gespielt. In der *tomba della caccia e della pesca* in Tarquinia ist außer einer ganzen Schar bunter Enten auch eine Fischerszene zu sehen. Boote, die durch ein Steuer am Heck gelenkt werden, schaukeln auf grünen Wellen.

Ganz besonders begabt müssen die Etrusker auf dem Gebiet der Hydraulik gewesen sein. »Alle Ableitungen und Kanäle von Sagis (Porto di Magnavacca) an, sind zuerst von den Etruskern gebaut worden. Mit Hilfe eines Abzugskanals leiteten sie den breiten Fluß in die Sümpfe von Adria«, schreibt schon Plinius, was nun durch die jüngeren Ausgrabungen in Spina und Adria bestätigt wird. Und der große unterirdische Kanal, der alle Abwässer von Rom aufnimmt und in den Tiber führt, die *cloaca maxima*, ist unter dem Etrusker Tarquinius Priscus entstanden. Ferner haben sich die Etrusker nicht nur mit der Entwässerung beschäftigt, sondern auch mit der Bewässerung trockener Gebiete.

Eine der wichtigsten Quellen des Reichtums der Etrusker und der Ursprung ihrer Macht waren die Erzminen und die Metallindustrie. Populonia, in der Nähe des heutigen Piombino gelegen, gegenüber der Insel Elba, war reich an unerschöpflichen Eisenerzminen, wie Vergil sagt. Das Gebiet von Campiglia Marittima, zwölf Kilometer von Populonia entfernt, trägt noch sichtbare Spuren der Schachtanlagen aus der Etruskerzeit. Man förderte dort Kupfer und Eisenerz, aber auch silberhaltiges Blei und Zinn.

Wir wissen Bescheid über die Straßenanlagen und die Fahrzeuge der Etrusker, über ihre Möbel, ihr Schuhwerk, ihre Kleidung. Und wir wissen, daß der Kern der etruskischen Gesellschaft ohne Zweifel die Familie war; die Gemeinschaft, die sich aus Familien zusammensetzte, bildete die zivile Gesellschaft einer Stadt, und die Städte ihrerseits trugen dazu bei, die Idee einer Nation zu bilden. Die etruskische Familie unterscheidet sich in ihrer Zusammensetzung in nichts von der griechischen oder der römischen. Es gab weder Frauengemeinschaften wie bei den Arabern, noch die Heirat zwischen Bruder und Schwester, wie sie in alter Zeit im Orient üblich war. Auch gab es keine Polygamien, wie die Gesetze in Assyrien sie anerkannten, noch Erbfolge nach der mütterlichen Linie, wie es in matriarchalischen Gesellschaften üblich war.

Viel wissen wir über die etruskischen Frauen, über ihren Schmuck, ihre Kosmetik und ihr Verhalten in Familie und Gesellschaft. Sie müssen es gut gehabt haben. Während die griechischen und die römischen Frauen im Schatten ihrer Männer lebten, nahmen die Etruskerinnen auch am sozialen Leben regen Anteil. So speisten sie z. B. hingestreckt auf demselben Lager wie ihre Männer, selbst in Anwesenheit von Gästen, was die ernsten Römer, die es vorzogen, ihre Frauen alleine in der Küche essen zu lassen, für skandalös hielten. Anders auch als die griechischen und die römischen Frauen, die im Hause lebten, ging die etruskische Frau viel aus. Man begegnete ihr überall, sie spielte überall eine nicht unwesentliche Rolle. So gibt es Gräber, auf deren Steinskulpturen uns Etrusker, auf ihren kleinen Betten liegend, mit ihren Frauen erscheinen, im freundlichen Gespräch untereinander. Auf einer Malerei in Orvieto sehen wir sogar Frauen, die auf der

Arena-Tribüne einem Boxkampf beiwohnen, zusammen mit Männern. Wir wissen dagegen, daß in Olympia in Griechenland keine Frau den öffentlichen Spielen mit den Männern beiwohnen durfte. Die Etruskerinnen genossen aber nicht nur mehr Freiheit bei ihren Vergnügungen, sie spielten auch im bürgerlichen Leben eine hervorragendere Rolle als die Matronen im alten Rom, deren moralische Autorität dank ihrer Tugendhaftigkeit groß war. Ebenso war die rechtliche Stellung der etruskischen Frau höher als die der römischen.

Die Etruskerinnen pflegten sich übrigens sehr. Das ist besonders interessant, wenn man bedenkt, wie rückständig andere italische Stämme in dieser Hinsicht waren. So hatten die Etruskerinnen in jener Zeit, da eigentlich nur Frauen aus orientalischen Kulturen in einem wesentlichen Maße die eigene Person pflegten, die Kosmetik zu einer raffinierten Kunst entwickelt. Sehr wahrscheinlich hatten sie den Gebrauch von Creme, Puder, Augenstiften usw. denn auch erlernt, als sie Verbindungen mit den Ägyptern und den Griechen unterhielten. Von der Bedeutung, die die äußere Erscheinung damals hatte, zeugen bis heute die Spiegel, die den etruskischen Frauen mit ins Grab gegeben wurden. Zugleich aber geben sie auch ein Bild vom hohen Niveau des Kunsthandwerks jener Zeit.

Hochentwickelt waren besonders die Techniken der Goldschmiedekunst, die – was Filigran und Granulation angeht – Werke kaum wieder erreichter Vollendung hervorbrachten. Die Technik der Granulation soll so schwierig sein, weil die Goldkörnchen beim Auftragen auf die Goldflächen wegen der Erhitzung leicht zerfließen; abgesehen davon ist schon die Herstellung der Kügelchen selbst äußerst kompliziert. – Auch solche Wunderwerke der etruskischen Goldschmiedekunst sind in der Villa Giulia zu sehen. Und gerade weil so viel Wesentliches von der etruskischen Kunst im Museum der

Villa zu sehen ist, als ich berichten könnte, möchte ich lieber gar nichts zur etruskischen Kunst sagen.

Aber auf die etruskischen Frauen möchte ich zurückkommen und darauf hinweisen, daß die Gesichter dieser Damen, die an den Banketten teilnehmen oder mit ihren Männern liegen, nicht nur sehr schön sind, sondern daß sie etwas Kluges, Selbstbewußtes, etwas Zufriedenes und innerlich Heiteres ausstrahlen, das sich nur in ihrem rätselhaften Lächeln zusammenfassen läßt.

Abschließend möchte ich noch Jacques Heurgon, den größten französischen Altertumsforscher, zitieren, der uns auf etwas Verblüffendes aufmerksam macht: »Es ist bemerkenswert, daß offenbar zweimal dieselbe Gegend im Zentrum Italiens, das antike Etrurien und die moderne Toskana, der Brennpunkt der italienischen Kultur war.

Seit dem 7. Jahrhundert v. Chr. und seit dem 15. Jahrhundert n. Chr., zu Beginn der antiken Geschichte sowie beim Anbruch der modernen Zeit, hat sich ein und dieselbe Gegend der Halbinsel durch besondere Vorzüge ausgezeichnet. Geburt und Wiedergeburt Italiens haben die gleiche Wiege. Ein wunderbares Zusammentreffen ... Darf man annehmen, daß Dante, Machiavelli und Leonardo da Vinci, trotz der Auswirkungen der Invasionen und der Vermischung der Rassen, über die Jahrhunderte hinweg das ferne Erbe der Etrusker übernommen haben? Es gibt erstaunliche Übereinstimmungen: So erwecken z. B. die Totenengel, die am Fuße der Urne des Arruns Volumnius aus Perusia wachen, den Eindruck, als hüteten sie irgendein altes Grab der Medici. Und als der Etruskologe Raymond Bloch einem Jünglingskopf von Caere aus dem 5. Jahrhundert den des heiligen Georg von Donatello gegenüberstellte, hätte man sich täuschen können, wenn man hätte bestimmen sollen, welcher von beiden etruskisch und welcher toskanisch ist. Solche Feststellungen führen zu der Annahme, daß das Geheimnis der Etrusker nicht ausschließlich in ihrem Ursprung liegt, sondern während der ganzen Lebenszeit des Volkes bis in die letzten Ausläufer seiner Geschichte hinein weiterwirkt und sich erneuert.«

1984

Rom brennt. Ein Bericht aus dem Jahre 64 n. Chr.

Sechs Tage und sieben Nächte wütete das große Feuer, das Rom zerstört hat. Es war der gewaltigste Brand, den die Stadt seit ihrer Gründung 800 Jahre zuvor erlebte. In zwei Wellen vernichtete des Feuers Gewalt die Mietshäuser der Ärmeren, die Paläste der Reichen und die Tempel der Götter. Von den 14 Stadtteilen, in die sich Rom einteilte, blieben nur vier unversehrt; drei wurden dem Boden gleichgemacht.

Unser Kaiser Nero, der in Anzio weilte, kehrte sofort nach Rom zurück, als er erfuhr, daß sich das Feuer auch seinem eigenen Hause näherte. Umsonst versuchte er, unter das Volk gemischt, das Feuer zu löschen. Die Rettungsversuche scheiterten, da sich das Feuer in dieser Stadt mit ihren engen, winkeligen Straßen und unregelmäßigen Häuserreihen, die den Flammen ganz besonders leichte Nahrung boten, zu schnell ausbreitete. Greise, Frauen, Kinder, Kranke – sie alle jammerten und schrien, standen fliehend einander im Wege und behinderten zudem die Rettungsarbeiten. Um das Volk zu beruhigen, öffnete der Kaiser das Marsfeld, die Bauten der Agrippa und selbst seine eigenen Gärten. Dort wurden provisorisch Notbaracken errichtet. Es wurde Getreide zu niedrigem Preis verteilt. Neben solchen Maßnahmen, die für das öffentliche Leben ergriffen wurden, suchte man auch nach Sühnemitteln für die Götter und richtete Gebete an Vulkan, Ceres und Proserpina.

Bald gingen schreckliche Gerüchte um: der Brand sei »von oben« befohlen worden. Angesehene Bürger erklärten uns, sie hätten Diener aus dem Hause des Kaisers gehen gesehen, die mit Fackeln und Werg die hölzernen Mietshäuser und die Verkaufsbuden in der Nähe des Circus in Brand gesteckt hätten.

Seit langer Zeit, so flüsterte man, habe der Kaiser den Brand Roms besingen wollen, wie einst Homer jenen von Troja verewigt habe.

Um diesem Gerede ein Ende zu bereiten, hat der Kaiser eine Sekte für den Brand von Rom verantwortlich gemacht; die Anhänger dieser Sekte nennen sich »Christen«. Der Name stammt von einem gewissen Jesus von Nazareth, der von seinen Anhängern als Christus bezeichnet wurde und der unter Tiberius vom Prokurator Pontius Pilatus als Aufrührer zum Tode verurteilt worden war. Diese Sekte aus Judäa verbreitete sich neuerdings auch in Rom. Doch waren die Christen hier nicht gerne gesehen; sie haben besondere Riten und sagen das Ende des römischen Kaiserreiches durch ein läuterndes Feuer voraus; ein gerechteres Reich, so behaupten sie, werde dann den Platz von Rom einnehmen.

Zum ersten Mal spricht man hier so viel über die Christen. Wir haben überall gefragt, wer sie eigentlich sind: sie predigen Liebe, Gerechtigkeit und Versöhnung unter den Menschen, und sie verachten die Genüsse des Lebens. Die Christen sind gegen Rom eingestellt, gegen seine Götter und gegen den Kaiser.

Nachdem der Kaiser sie beschuldigt hatte, Rom in Brand gesteckt zu haben, wurden zunächst jene festgenommen, die sich öffentlich als Christen bekannten; dann, auf deren Anzeige hin, eine gewaltige Anzahl weiterer Anhänger. Viele von ihnen wurden wohl weniger wegen der angeblichen Brandstiftung verfolgt, als vielmehr wegen ihres Christentums.

Zu Scharen strömten die Römer herbei, um dem entsetzlichen Schauspiel der Hinrichtungen beizuwohnen, für das Nero seine eigenen Gärten zur Verfügung gestellt hatte. Vor der Hinrichtung wurde mit den Christen noch Spott getrieben: sie wurden in Tierhäute gesteckt und von wilden Hunden angefallen. Viele wurden ans Kreuz geschlagen, andere wiederum als nächtliche Fackeln verbrannt. Doch sie alle gingen ruhigen Herzens dem Märtyrertod entgegen und verziehen ihren Verfolgern, denn sie waren überzeugt, daß im Jenseits ein anderes Leben auf sie wartete. Es fiel manchen Römern schwer, sich vorzustellen, daß diese Christen für den entsetzlichen Brand von Rom verantwortlich sein sollten, dem so viele unschuldige Menschen zum Opfer gefallen waren. Langsam keimte bei manchen Römern der Zweifel, ob diese Menschen wirklich dem Allgemeinwohl und nicht vielmehr der Grausamkeit eines Einzelnen geopfert wurden.

1976

Olympische Stimmung in Rom

Im Jahr 1960 fanden die XVII. Olympischen Spiele in Rom statt. Es war für die Hauptstadt ein wichtiges Ereignis, die erste internationale Darbietung nach dem Krieg. In der Blüte des Wirtschaftswunders, trotz der alten und neuen sozialen Widersprüche, erlebten Rom und Italien einen beinahe magischen Moment, getragen von einem Anflug von Optimismus, der in der Zukunft bald versandete.

Bis zur feierlichen Übergabe der olympischen Fackel an den Bürgermeister hat die römische Bevölkerung beinahe teilnahmslos den Vorbereitungen zu diesem großen sportlichen Ereignis zugeschaut. Die Römer waren vor allem über die großen Unannehmlichkeiten verärgert, welche die Olympischen Spiele verursacht hatten. Man denke bloß an den chaotischen Verkehr! Selbst Römer, die ihre Stadt wie Taxichauffeure kennen, haben es heute schwer, sich aus dem Fahrverbot-Labyrinth einen Weg ins Freie zu bahnen. 40 Milliarden Lire hat den Staat das »Olympische Rom« gekostet; eine Summe, die nachdenklich stimmt.

Die alltäglichen Belastungen und der finanzielle Aufwand hatten dazu geführt, daß die Stadtbevölkerung mehr mit verhaltener Neugierde als mit Begeisterung dem sportlichen Ereignis entgegensah. Eine neue Bauspekulation, eine plötzliche Teuerung von Bauplätzen, die kurze Zeit vor der Bestimmung Roms als Sitz der XVII. Olympiade nahezu wertlos waren, erregte den Unmut der öffentlichen Meinung.

Erst als die olympische Fackel im suggestiven Rahmen des hellerleuchteten Kapitols ihren offiziellen Einzug in die Ewige

Stadt hielt, begannen sich die Römer für die Olympiade zu erwärmen. Die Zustimmung unter den Zaungästen, in der überwiegenden Mehrheit dem *popolino*, also dem »gemeinen Volk« angehörende Menschen, hatte dann allerdings nichts Feierliches mehr an sich. Die Römer haben dieses Ereignis schließlich doch in ein wahres Volksfest verwandelt.

Rom erweckte zur offiziellen Eröffnung der Spiele durch den Präsidenten Gronchi um so mehr den Eindruck eines internationalen Volksfestes, weil überwiegend aus bescheidenen Verhältnissen stammende Fremde statt reicher oder wohlhabender Touristen hierher gereist sind. Sie verleihen der Stadt etwas »Populäres«. Dies wird auch von den Inhabern der eleganten Bars, Hotels und Läden bestätigt, denn sie haben während der Vorbereitungen der Olympiade keineswegs die Geschäfte gemacht, auf die sie gehofft hatten. Sehr viele Touristen ziehen es vor, in Zelten statt in Hotels zu übernachten, in preiswerten Trattorien statt in bekannten Restaurants zu essen. Viele können in Klöstern und Häusern religiöser Genossenschaften für wenig Geld Unterkunft finden. Der Vatikan hat sich in den Vorbereitungen zur Olympiade als sehr aktiver Organisator erwiesen. Der von Papst Johannes XXIII. an die Sportler in aller Welt erteilte Segen auf dem bis zum Unvorstellbaren mit Menschen gefüllten St. Petersplatz bot ein höchst suggestives Schauspiel.

Die aus allen Erdteilen herbeigeströmten Sportler bleiben oft sprachlos angesichts der spektakulären Schönheit der Stadt mit ihren antiken Mauern, Basiliken und Ruinen. Rom ist mit seinen mittelalterlichen Palazzi, die zwischen ärmlichen Häusern und kleinen Läden stehen, eine Mischung von tiefstem Elend und wahrer Größe. Es gab einst Fremde – und es gibt sie gewiß heute noch –, die behaupteten, die Größe Roms bleibe einfach und das Elend edel. Es ist allerdings fraglich, ob diejenigen, die nach der grandiosen Entstehung des »olympischen

Rom« noch immer an der Peripherie der Stadt in notdürftigen Baracken leben, ihr Elend als »edel« empfinden. Gerade weil beim Bau der riesigen Anlagen die sportlichen Funktionen nicht allein maßgebend waren, sondern auch andere Erwägungen die Planung beeinflußt hatten, empfand es ein großer Teil der italienischen Bevölkerung als bedauerlich, daß nicht wenigstens etwas von der Summe, die für die XVII. Olympiade ausgegeben wurde, dem Verschwinden der armseligen Behausungen in den Vororten der Stadt gewidmet worden ist.

Doch seit der offiziellen Eröffnung der XVII. Olympiade hat sich der Römer plötzlich das Gefühl bemächtigt, in einem Schaufenster zu sitzen und dem kritischen Blick von 87 Nationen ausgesetzt zu sein. Vielleicht haben sie deshalb das Wunder der organisatorischen Ordnung vollbracht; denn die Eröffnungsfeier im mit 100.000 Zuschauern besetzten Stadion ist als ein Meisterstück der Regie zu bezeichnen. Dies alles ist um so mehr zu loben, als die römische Masse undiszipliniert und gegen alle Befehle und alle Order allergisch ist. So weicht also die skeptische Teilnahmslosigkeit aus den Herzen der Römer. Die Schattenseiten dieses großen sportlichen Ereignisses treten vorläufig zurück. Das Gefühl gewinnt die Oberhand, in den Augen der Ausländer diese Probe mit Ehren bestehen zu müssen. Der unvergleichliche Rahmen, in welchem sich die XVII. Olympiade ereignet, bildet die denkbar beste Verbindung zwischen der antiken und der modernen Welt; er wird zum Erfolg dieser Spiele beitragen.

1960

Olympiade in Rom 1960. Armin Hary gewinnt

Die Restaurierung des Jahrhunderts: Cappella Sistina

EINE DER GRÖSSTEN SEHENSWÜRDIGKEITEN dieser mit Kunst so reich gesegneten Stadt ist sicher die Sixtinische Kapelle. Nun hat die Restaurierung der Fresken in der Cappella Sistina, die seit sieben Jahren im Gange ist, zu heftiger Polemik innerhalb und außerhalb Italiens geführt, hat die Gemüter in unterschiedlichsten kulturellen Kreisen erregt und beunruhigt. In Fachzirkeln diskutiert man leidenschaftlich über dieses großangelegte Säuberungswerk, und die Presse sorgt dafür, daß die Öffentlichkeit ständig auf dem laufenden gehalten wird.

Die Streitfrage dabei ist einfach: verfälscht die Restaurierung der Sixtinischen Kapelle Michelangelos Werk oder nicht?

Vielleicht ist es sinnvoll, kurz auf die Entstehungsgeschichte der Cappella Sistina einzugehen. Als Palastkapelle des Vatikans wurde sie im Jahre 1437 unter Papst Sixtus IV. errichtet, daher auch ihr Name, Sistina. Unter den Malern, die Sixtus IV. 1481 mit dem Schmücken der Kapelle beauftragte, waren Meister hohen Ranges wie Signorelli, Perugino, Pinturicchio, Ghirlandaio, Botticelli und andere. Peruginos Fresken an der Chorwand sind allerdings später zerstört worden, um Raum zu schaffen für Michelangelos »Jüngstes Gericht«.

Es ist interessant zu beobachten, wie die Fresken der toskanischen und umbrischen Künstler, die wir eben erwähnt haben, von den Besuchern der Cappella Sistina, in der bis heute das Konklave zu Papstwahlen tagt, kaum beachtet werden; das nicht etwa, weil diese weltberühmten Künstler nicht geschätzt werden, sondern vielmehr, weil der Eindruck, den Michelangelos Fresken machen, so überwältigend ist, daß die

Besucher nichts anderes mehr sehen. Gebannt blicken sie auf das, was Carl Justi, deutscher Kunsthistoriker aus dem letzten Jahrhundert, »die erstaunlichste Schöpfung, zu der sich die Malerei erhoben hat«, nannte.

Ein Neffe von Papst Sixtus IV. war Julius II., der 1503 im Alter von 60 Jahren Papst wurde. Zwei Jahre später schon gab er dem damals fast 30jährigen Michelangelo den Auftrag, ihm einen Entwurf für sein Grab vorzulegen. Als der Meister jedoch von Florenz nach Rom kam, um das Werk in Angriff zu nehmen – die großen Marmorblöcke, die Michelangelo selbst in Carrara ausgesucht hatte, lagen schon auf dem Petersplatz bereit – fand er im Vatikan verschlossene Türen vor. Verletzt und verbittert kehrte Michelangelo aus Rom zurück nach Florenz. Mit Hilfe der Florentiner Regierung holte ihn der Papst jedoch wieder nach Rom und zwang ihn – den leidenschaftlichen Bildhauer –, die Decke der Sixtinischen Kapelle auszumalen, die bis dahin nur mit goldenen Sternen verziert war, wie wir dies oft an den Kirchendecken jener Zeit sehen können.

Aber Michelangelo Buonarroti hielt sich vor allem für einen Bildhauer und nicht für einen Maler. Aus Dokumenten jener Zeit geht hervor, daß er alles unternahm, um den Auftrag des Papstes abzulehnen. Er schlug sogar seinem Auftraggeber, Julius II. vor, statt seiner Raphael zu berufen. Bei Giorgio Vasari, Kunstgeschichtsschreiber im Dienste der Medici, können wir nachlesen: »... je mehr sich Michelangelo wehrte, desto mehr stieg des Papstes Verlangen. Schließlich gab Michelangelo nach, wofür ihm Papst Julius II. gewährte, was zuvor noch keinem anderen Künstler erlaubt worden war: die Art und das Programm der Darstellung ganz allein zu bestimmen. Nur ganz allgemein wurden Michelangelo Anweisungen erteilt über die Freskenfolgen der Seitenwände.«

Mit einer kurzen Anmerkung legte Michelangelo selbst den Beginn der grandiosesten Freskomalerei fest, die je in der

Geschichte der Menschheit vollbracht wurde, nämlich mit den folgenden Zeilen: »Ich halte fest, daß heute, am 10. Tag des Mai 1508, *ich, Michelangelo, Bildhauer,* von der Heiligkeit unseres Herrn, Papst Julius II., 500 Dukaten erhalten habe, die mir Herr Carlino, Kammerherr, und Herr Carlo degli Albizzi abzählten, als Anzahlung für das Gemälde an der Decke der Kapelle des Papstes Sixtus, an dem ich heute zu arbeiten beginne unter den Bedingungen und Abmachungen, wie sie aus einem Schriftstück des hochwürdigen Monsignore di Pavia und mit meiner Hand unterschrieben, hervorgehen.«

Diese Zeilen sind nicht nur als eine persönliche Notiz für Michelangelo selber zu verstehen. Sie waren auch als polemische Geste gemeint, um den Stolz seines florentinischen Geistes zu unterstreichen: Michelangelo wollte den Papst, der ihn gegen seinen Willen als Maler berufen hatte, daran erinnern, daß er eigentlich Bildhauer war; und so ließ er vor Julius II. dokumentieren, daß er den Auftrag nur annahm, weil er ihn nicht ablehnen konnte.

Der Künstler stürzte sich mit all seinen Kräften in das Unternehmen. Das Werk erforderte so große physische Anstrengungen und verursachte ihm so viele psychische Spannungen, daß es ihm zur Qual wurde. Die Deckenfresken malte Michelangelo auf dem Rücken liegend, bis ihm die Augen, das Kreuz und die Arme so weh taten, daß er fast verzweifelte, wie er selbst schilderte.

Die Spannungen rührten aber auch von der geringen Erfahrung her, die Michelangelo in der Freskomalerei besaß. Nur als Lehrjunge hatte er sich darin geübt, als er in der *bottega* des Ghirlandaio tätig gewesen war. Diesem Tatbestand sei es zuzuschreiben, erklärt heute Professor Giovanni Urbani, ehemaliger Direktor des zentralen Restaurierungsinstituts, daß Michelangelo anfangs technische Fehler beging. Aus diesen Fehlern sind dann, im Laufe der Jahrzehnte, zum Teil jene

Schäden entstanden – abgesehen von Ruß und Wasserinfiltrationen –, welche die vatikanischen Restauratoren heute zu beheben versuchen.

Der Hauptfehler, den Michelangelo am Anfang seines Unternehmens beging, war, daß er einen allzu wässerigen Putz verwendete. Außer Kalk und Sand enthielt er Pozzuolanerde (das ist pulverisiertes vulkanisches Felsgestein aus Pozzuoli). Diese Beimischung, die üblicherweise, aber nicht ohne Nachteile in Rom angewandt wurde, war in der Tradition der toskanischen Freskomalerei aber völlig unbekannt.

In der Tat traten aus dem zu wässerigen Putz nach dem Trocknen weiße Flecken hervor, die immer deutlicher wurden. Man weiß aus Dokumenten von Geschichtsschreibern jener Zeit, daß Michelangelo selber darüber bestürzt war; er sah sich sogar gezwungen, wenn auch widerwillig, Hilfe bei dem Architekten Giuliano Da Sangallo zu suchen. Dieser soll ihm geraten haben, einen weniger feuchten Putz zu verwenden.

Michelangelo vollendete das ganze Fresko der Deckenwölbung ohne die mindeste Hilfe, ja auch ohne nur jemanden zu haben, der ihm die Farben rieb. Diese fast unglaubliche Behauptung, die wir dem Bericht des Zeitgenossen Condivi, Maler und Freund Michelangelos, entnehmen, wurde durch Forschungsergebnisse dieses Jahrhunderts belegt. Michelangelo begann im Spätherbst 1508 und beendete die eigentlichen Deckengemälde im August 1510, als 35jähriger. Dann scheint er ein Jahr lang an den Vorlagen für die Lünetten, die »Ahnen Christi«, gearbeitet zu haben, die er zwischen August 1511 und dem Allerseelentag 1512, an dem die Kapelle feierlich eröffnet wurde, ausführte. Wenige Monate später starb Papst Julius II.

Das »Jüngste Gericht« schuf Michelangelo viel später, im Auftrag von Paul III., zwischen 1534 und 1541. Er war 66 Jahre alt, als er das Werk am Weihnachtstag 1541 enthüllte, »zum

Verwundern und Erstaunen Roms, ja der ganzen Welt«, wie Giorgio Vasari damals schrieb.

Die Freskomalerei ist schwierig, weil immer nur stückweise, von oben nach unten gearbeitet werden kann und nur, solange der angesetzte Mauerputz naß ist. So verlangt diese Kunst rasches Arbeiten; der Maler kann sich nicht mit Einzelheiten aufhalten, sondern nur großteilige Kompositionen bewältigen. Er muß stückweise vorgehen, auf frischem, noch feuchtem Putz, der die Farben aufsaugt und fixiert. Da die Farben zudem naß bedeutend dunkler sind als trocken, erfordert die Freskomalerei große Erfahrung in der Auswahl der Tönungswerte, auch wenn der Künstler noch nach Monaten eingreifen kann, um Hell und Dunkel und Faltenwürfe mit sogenannter *velature a secco* (Trockenmalerei) zu korrigieren. Das Bild wird meist übrigens nicht auf der Wand entworfen, sondern in Originalgröße auf einem Karton; in seinen Umrissen wird es dann auf die Wand übertragen. So tat es auch Michelangelo. Wer heute hinaufgeht auf das Gerüst, der kann die schwarzen Punkte noch sehen, die um den Karton gezeichnet wurden.

Die Farben des Deckengewölbes der Cappella Sistina waren anfällig; bereits um das Jahr 1540 konnte man sehen, daß es allmähliche Schäden davontrug: durch die Feuchtigkeit entstanden Risse; eine trübe Staubschicht vermischt mit dem Ruß der Kerzen legte sich darüber. In der Tat wurde das Deckengewölbe erstmals bereits im 17. Jahrhundert gründlich gereinigt. Im 18. Jahrhundert folgten weitere bedeutende Restaurierungsarbeiten.

Damals wurden von einigen Restauratoren dicke Schichten aus tierischem Leim und pflanzlichem Gummi (Kautschuk) aufgetragen, um die nachgedunkelten Farben wieder zu beleben; diese Materialien haben sich allerdings als besonders schädlich erwiesen. Aus jener Zeit stammt auch die bräunliche Tönung am Deckengewölbe, welche im Laufe der Jahrzehnte mit dem Kunstwerk Michelangelos verschmolz und sich, wie ein Schleier, über die Farben aus dem 16. Jahrhundert legte. Die Zeitgenossen nannten sie *mattonosa*, was bedeutete, sie weise eine Farbe auf, die der der Ziegelsteine ähnlich sei.

Aber *wann* und *warum* begann man heute ein so umfassendes Restaurierungsunternehmen? Die kolossale Operation, die Sixtinische Kapelle zu restaurieren, wurde von den zuständigen vatikanischen Stellen beschlossen, als diese sich davon überzeugt hatten, daß ein Eingriff äußerst dringlich war, um das grandiose Werk Michelangelos zu retten und für die Nachwelt zu erhalten.

Die letzten Säuberungen und Restaurierungen waren in den Jahren 1932 und 1935 erfolgt. Damals besaß man weder die chemischen Mittel, die uns heute zur Verfügung stehen, noch hatte man – rein technisch – die Werkzeuge, die unsere Zeit kennt, um genauestens die Schäden zu analysieren, deren Entstehungszeit zu bestimmen und ihre Ursache festzustellen.

Vor sieben Jahren, im Frühjahr 1980, begann also die heute so umstrittene Restaurierungsoperation. Ein gewaltiger finanzieller Aufwand war nötig. Dem Vatikan fehlten jedoch die Gelder. Infolgedessen mußten die zwei Möglichkeiten zur Beschaffung der Mittel geprüft werden, die sich dem Vatikan boten: entweder einen Sponsoren zu finden oder ein Geschäft abzuschließen. Der Vatikan entschloß sich für das letztere: Die Restaurierungsarbeiten wurden nunmehr von der japanischen Fernsehgesellschaft NTV finanziert, die dafür – für die Dauer von drei Jahren nach Ende eines jeweiligen Restaurationszyklus (es gab derer drei) – die alleinigen Foto- und Filmrechte erhielt. Dem Vatikan mußte das japanische NTV im Gegenzug jedoch eine vollständige filmische Dokumentation und einen kompletten Satz des Fotomaterials zur Verfügung stellen.

Die Frage drängt sich auf: Warum gerade die Japaner? Darauf antwortete Walter Persegati, Sekretär und wirtschaftlicher Verwalter der Generaldirektion der Vatikanischen Museen und Galerien: »Ich kannte den japanischen Fernsehsender *Nippon Television Network Corporation* aus Tokio von früheren Kontakten. Ich brauchte Leute, die auf dem Gebiet große Erfahrung haben. Der Präsident des japanischen Fernsehnetzes, Yosogi Kobashi, ist ein außergewöhnlich motivierter Japaner. Er ist am Westen besonders interessiert. Auch ist Yosogi Kobashi ein tief religiöser Mensch; er selbst ist Buddhist, seine Frau und seine Töchter dagegen sind katholisch. Er ist ein beseelter Mann mit Weitblick. Wir fanden ein gemeinsames Interessengebiet und waren uns sofort einig...«

Kommen Geld und Technik für die eigentliche Restaurierung von außen, so stammt das komplizierte bewegliche Brückengerüst, auf dem die Restauratoren arbeiten, aus einer Werkstatt des Vatikans. Ein Team von Generaldirektoren der technischen Betriebe der Vatikanstadt konstruierte Plattform und Gerüst. Die Stahlträger, auf denen die rollende Plattform dicht unter der Decke ruht, stecken in Mauerlöchern, die schon Michelangelo für seine Holzplattform benutzte und die jetzt wieder freigelegt wurden. Sie bleiben – sorgfältig gereinigt, isoliert und dem Blick von unten verdeckt – auch für die Zukunft erhalten, damit man im Notfall darauf zurückgreifen kann.

Die heutige, so umstrittene Restaurierung besteht, vereinfacht ausgedrückt, aus der Festigung eventuell schwacher Farbpigmente mit Acrylharzen und anderen chemischen Komponenten, ferner aus der Beseitigung von Ruß, Fett und Leim mit einer speziell entwickelten Reinigungsflüssigkeit, die in destilliertem Wasser gelöst und mit einem Schwamm von Hand aufgetragen wird. Die Lösung, eine Art Gelatine, wirkt beim

Kontakt: die Ablagerungen werden in Minutenschnelle aufgelöst und abgewischt. Diese Gelatine kann mit Leichtigkeit die alten, gedunkelten Leime löslich machen und auch die weißen Flecken auflösen, die bereits Michelangelo erschreckten.

Das Gesamtwerk der Restaurierung begann mit der Reinigung der 28 Papstporträts an den oberen Seitenwänden und der Säuberung der 14 Lünetten mit den Vorfahren Christi. Diese Arbeiten dauerten über vier Jahre und umfaßten 604 Quadratmeter, an denen fast 30.000 Stunden restauriert wurde. Am 11. Dezember 1984 wurde das Ergebnis der Öffentlichkeit vorgestellt. Damit weitete sich die Diskussion über die Fachkreise hinaus auf die Allgemeinheit aus.

Die überwiegende Mehrheit all jener, die heute die teilweise restaurierte Sixtinische Kapelle besichtigen, verläßt diese bestürzt. Denn anstelle der vertrauten, gedämpften Farben des großen Meisters leuchten heute den Besuchern die gesäuberten Figuren in greller Farbenpracht entgegen: der Anblick ist so ungewohnt, so unerwartet, daß manche ihn als Verletzung von Michelangelos Werk empfinden.

Die Bestürzung der Besucher läßt sich am besten mit dem Ausspruch des Schriftstellers Giorgio Manganelli zusammenfassen, der im Mailänder *Corriere della sera* einen Artikel veröffentlichte mit dem Titel »*Michelangelo mio – non sei più tu*« – Michelangelo mein, Du bist nicht mehr derselbe. Im Italienischen klingt in diesem Ausruf die ganze Wehmut über den jetzt verlorenen geheimnisvollen Zauber mit, der von dem ungereinigten Werk und seiner Patina ausging.

Der Streit um die Restaurierung kreist demnach um folgende Frage: Sind die grellen Farben, die heute hervortreten, nachdem ein Fünftel des gesamten Werkes restauriert worden ist, wirklich die echten, von Michelangelo ausgesuchten und verwendeten Farben?

Mit dieser Frage reicht die Debatte weit über den Rahmen einer technischen Restaurierungsdiskussion hinaus, in den

Bereich der kunsthistorischen Wissenschaft hinein. Denn durch die gegenwärtige Säuberungsarbeit könnte die faszinierende und sensationelle Entdeckung gelungen sein, daß Michelangelo den *coloristi* zuzuordnen ist. In dem Falle wäre er ein Vorläufer, ein Vorbote der Manieristen. So ist es um so verständlicher, daß sich an diesem Disput Kunsthistoriker, Kunstkritiker, Künstler und Kunstliebhaber beteiligen.

In diesem Zusammenhang schreibt Professor Carlo Pietrangeli, Generaldirektor der Vatikanischen Museen, in der Kulturzeitschrift *Beni culturali e ambiente* folgendes: »Es versteht sich, daß jener Michelangelo, den die Restaurierungen uns nun offenbaren, ein bisher nie gesehener Michelangelo ist; auch wenn es zu erwarten war, daß unter dem rußigen Schleier, der die Fresken teilweise verhüllte, die echten, grellen und oft aggressiven Farben Michelangelos wieder hervortreten würden, wie jene der ersten florentinischen Manieristen. Diese haben die Farben nämlich direkt von Michelangelo übernommen und zwar nur wenige Jahre, nachdem der große Meister die Lünetten und das Deckengewölbe der Sixtinischen Kapelle gemalt hatte. Übrigens genau die Farben, die auf dem Tondo Doni in Florenz zu sehen sind, dem einzigen Tafelwerk, das Michelangelo ausgeführt hat.«

Auch diese Farbtöne sind erst wieder zum Vorschein gekommen, als das Tondo Doni-Gemälde, das die heilige Familie darstellt, restauriert wurde; seine Farben weisen dieselben Merkmale auf wie die in der Sixtinischen Kapelle. Somit hat Professor Carlo Pietrangeli keinerlei Zweifel: »Das ist der schlagende Beweis dafür«, erklärt er, »daß die Farben, die auf den von Michelangelo gemalten Lünetten und auf dem Gewölbe in der Sixtinischen Kapelle, die wir jetzt, nach der Restaurierung sehen, die echten Farben Michelangelos sind. Diese Farbtöne benötigte der Künstler auch, um die Figuren, die ja zu seiner Zeit nur vom schwachen Licht, das durch die Fenster drang, wenn Wetter und Uhrzeit günstig waren, oder vom flackernden Kerzenlicht beleuchtet wurden, hervorzuheben und gut sichtbar zu machen.«

Während jedoch für die einen der Farbenvergleich zwischen Tondo-Doni-Gemälde und den Fresken der Sixtina ausschlaggebend ist, um die Restaurierung zu begrüßen und zu rechtfertigen, so scheint vielen anderen noch Vorsicht geboten.

So weist der Kunsthistoriker Alessandro Conti auf die Gefahr der gegenwärtigen Restaurierungen hin: Um Nachbesserungen und Retuschen auszuführen, verwendete man zur Zeit Michelangelos Materialien wie Rußschwarz, die – chemisch betrachtet – vom Ruß der Kerzen nicht zu unterscheiden sind. Daher entsteht die Schwierigkeit, mit säubernden Lösungen auf die Fresken einzuwirken. Man riskiert, alles »gleichzumachen« und alle Tönungen auf die gleiche Art abzutragen. Ausdrücklich versichert dagegen Professor Colalucci, Chefrestaurator im Vatikan: »Wenn wir auf sogenannte Zweifelszonen stoßen, enthalten wir uns jeglichen Eingriffs.«

Aber auch die amerikanischen »Muralpainters« und die in Italien Gleichgesinnten behaupten, daß Michelangelo seine Fresken mit Trockenmalerei und zahlreichen Ergänzungen retuschiert habe und daß die Restauratoren des Vatikans heute nun gleichzeitig mit den zu entfernenden Ruß und Flecken auch diese Retuschen beseitigen, praktisch also Michelangelos Werk verunstalten, es fälschen. Damit hat die Diskussion schon lange Italiens Grenzen überschritten. Aus den Vereinigten Staaten drang ein sogenannter *grido di dolore*, ein Schmerzensschrei – wie manche in- und ausländischen Zeitungen berichteten – bis nach Italien. Dreißig Maler und Künstler, angeführt von Frank Herbert Mason, Vizepräsident der *National Society of Mural Painters*, starteten einen wahren Kreuzzug gegen die Säuberung. Sie geben auch jetzt nicht auf, dagegen zu protestieren und davor zu warnen, denn – so wörtlich – »sie wollen nicht mitverantwortlich sein an diesem kulturellen Verbrechen.« In Italien selber haben namhafte Künstler wie Mario Donizetti, Annigoni, Scialoja, Vespignani, Artarchi und Clerici gegen die Fortsetzung der Restaurierung protestiert, unter dem Motto: »Die Restauratoren der Sistina töten Michelangelo.«

Aber die Vatikanischen Restauratoren streiten ab, daß Michelangelo viele Stellen *a secco*, also »trocken«, retuschiert habe. Das ist also die zentrale Frage. Die ganze Restaurierung der *Sistina* beruht auf der Voraussetzung, daß Michelangelo seine Freskomalerei nicht mit *velature a secco* retuschierte.

Der amerikanische Kunsthistoriker und Professor an der Columbia University, James Beck, hat noch vor wenigen Monaten in der *New York Times* einen an den italienischen Kollegen Professor Colalucci gerichteten Brief veröffentlicht, in dem u. a. steht: »Die bisher erlangten Ergebnisse der Restaurierung an der Sixtinischen Kapelle sollten mit Ruhe überprüft werden; bevor man mit dem Unternehmen fortfährt, sollte man sicherere technische Entwicklungen der Restaurierungen abwarten. Wir müssen noch retten, was zu retten ist. Die These, daß es nunmehr keine Alternative mehr gebe und daß man die Säuberung der Fresken zu vollenden habe, nachdem ein so großer Teil der Kapelle restauriert worden sei, ist keineswegs eine gültige These... Man sagt auch, daß man allein schon aus ästhetischen Gründen fortfahren solle, aber diese Aussage unterschätzt das Interesse der Öffentlichkeit; und ganz abgesehen davon: ein halbvolles Glas ist doch stets einem leeren Glas vorzuziehen...« Der Brief schließt damit, daß James Beck den italienischen Kollegen Colalucci vom Vatikan beschwört, die Restaurierung der Sixtinischen Kapelle zu stoppen. Professor Beck endet sein Schreiben mit den Worten: »Sie werden vor der Nachwelt für diese Tat verantwortlich sein.«

Die Frage ist noch offen, ob sich die Besucher im Laufe der Zeit an den *new look* der Fresken von Michelangelo gewöhnen werden und ob die Polemik dann von allein abklingt, wenigstens in der Öffentlichkeit. Doch gerade die Römer werden wohl länger brauchen als andere, um sich an die neuen Farben Michelangelos zu gewöhnen, denn sie lieben das Neue allgemein nicht. Bereits vor 270 Jahren schrieb der Abt Agostino Taje im Zusammenhang mit der ersten Restaurierung der Sistina, die damals mit harmlosem feuchtem Brot durchgeführt wurde, daß, ich zitiere, »deswegen in der ganzen Stadt großes Geschrei« zu vernehmen gewesen sei.

Wie man aber auch die Säuberung und die neu hervortretenden Farben Michelangelos werten mag, intakt bleibt der »revolutionierende Geist«, der aus seinen Fresken strömt. Dieser ist deutlich z. B. an den Figuren von Adam und Eva zu erkennen. Michelangelo lehnt die Verführung Adams durch Eva ab. Er interpretiert die biblischen Texte neu und stellt das Paar moralisch auf gleiche Ebene. Jeder einzelne pflückt die verbotene Frucht vom Baum der Erkenntnis. Dies bedeutet aber: gleiche Verantwortung von Mann und Frau. Für die Zeit Michelangelos wahrlich eine Revolution. Nicht umsonst definierte Immanuel Kant Michelangelo als »den ersten modernen Geist der Weltgeschichte«.

1987

Im Vatikan viel Neues

Im Jahr 1958 wurde Angelo Roncalli unter dem Namen Johannes XXIII. Papst. Er veränderte die katholische Kirche tiefgreifend, indem er sie für die Welt öffnete und den Dialog mit allen Menschen guten Willens förderte. Mit Kennedy und Chruschtschow wird er als eine der Hauptfiguren bei der Überwindung des Kalten Krieges angesehen. Im Jahre 1962 berief er das 2. Vatikanische Konzil ein, das er auch noch eröffnen konnte. Er starb ein Jahr später. Seine allerersten Schritte werden im folgenden Bericht geschildert.

Die Ernennung des 77jährigen Kardinals Roncalli zum Oberhaupt der katholischen Kirche ist in politischen Kreisen als der Wunsch nach einem Übergangspontifikat ausgelegt worden. Obschon Pius XII. als *grande Papa* anerkannt wird, schließt man im Vatikan keineswegs die Augen vor den Nachteilen, die während seines beinahe 20 Jahre dauernden Pontifikats aufgetreten sind. Die lange Dauer dieser Regierungszeit bot bestimmten Persönlichkeiten und Gruppen die Möglichkeit, ihre Stellungen im Vatikan auszubauen und ihren Einfluß auf den Papst geltend zu machen. In solchen Vorzugspositionen befanden sich nicht nur Menschen wie Galeazzi-Lisi, sondern auch zahlreiche Familienangehörige Pius' XII. Viele namhafte Persönlichkeiten der kirchlichen Hierarchie fühlten sich durch diese Begünstigungen benachteiligt. Auch verlor Pius XII., namentlich in den letzten Jahren, den engen Kontakt mit seinen wahren, beamteten Mitarbeitern, ließ vakante Posten nicht mehr besetzen und auch die Zahl der Kardinäle im Kollegium stark reduzieren, indem er die allmählich entstandenen Lücken nicht ersetzte.

Aus all diesen Gründen wurde dem ersten Akt des neuen Pontifex große Bedeutung beigemessen. In der Tat nahm dieser den von Pius XI. und Pius XII. unterbrochenen Brauch – gleich nach der Papstwahl den Konklavesekretär zum Kardinal zu ernennen – sofort wieder auf. Auch ernannte er Monsignore Domenico Tardini zum Pro-Staatssekretär. Man sagt bereits, daß dieser im nächsten Konsistorium zu den neu zu ernennenden Kardinälen zählen wird.

Pius XII. hat nie einen Staatssekretär ernannt, sondern erledigte die diesem Amte obliegenden Geschäfte selbst. Der Frage, ob Johannes XXIII. Monsignore Dell'Acqua als *Segretario per affari ordinari* beibehalten wird, mißt man in kirchlichen und politischen Kreisen große Bedeutung zu. Dell'Acqua ist in gewissem Sinne für die Beziehungen zwischen der Christlich-Demokratischen Partei und dem Vatikan verantwortlich. Vorderhand erweckt Johannes XXIII. den Eindruck, als trete er eher für eine weniger direkte Intervention des Vatikans in die politischen Geschäfte ein. In diesem Sinne wird bereits von einer Ersetzung Prof. Geddas, des Leiters der Katholischen Aktion, gesprochen. Wenn man bedenkt, daß die Organisation durch ihre »*Comitati Civici*« direkt an den Wahlen teilzunehmen pflegt, so kann man leicht ermessen, welche Bedeutung ein solcher Schritt haben würde.

Ganz deutlich hat der neue Papst dem Vatikan bereits eine neue Atmosphäre gegeben. Seine Antrittsbotschaft enthält eine volkstümlichere und für das Volk verständlichere Religiosität als bisher. So sagte Johannes XXIII. in seiner Rede, die Einschränkungen der kirchlichen Freiheit jenseits des Eisernen Vorhanges stünden in vollständigem Widerspruch zur »Zivilisation unserer Zeit« und zu den »seit langer Zeit errungenen menschlichen Rechten«(*diritti umani*). Allein diese Betonung der menschlichen Rechte verleiht diesem Appell eine völlig neue Note. Auch erweckte der neue Papst in seiner Rede den Eindruck, als sei er der »modernen Welt« gegenüber verständnisvoller eingestellt als sein Vorgänger. Es scheint, als teile Johannes XXIII. nicht die Meinung, daß die Totalitarismen jüngeren Datums notgedrungen eine Konsequenz der demokratischen und liberalen Auffassungen seien, die im 19. Jahrhundert Fuß gefaßt haben. Diese versöhnliche Sprache hat besonderes Aufsehen erregt.

Die Meinung allerdings, daß wir in der nächsten Zeit radikalen Umwälzungen im Vatikan beiwohnen werden, ist nicht nur voreilig, sondern wohl geradezu irreführend. In der Geschichte der Kirche verbindet sich das Neue immer mit dem Antiken – daher auch ihre fruchtbare geschichtliche Kontinuität. Es ist deshalb durchaus möglich und sogar wahrscheinlich, daß man bei der Neubesetzung gewisser vatikanischer Ämter Exponenten des »sozialen Kurses« begegnen wird, die vor allem im französischen Klerus zu finden sind.

1958

Papst Johannes XXIII.

Der Quirinal

DER QUIRINALPALAST IST ENG mit der Geschichte Italiens verflochten. Der Quirinal selber ist zunächst einmal ein Hügel; der luftigste unter den sieben klassischen Hügeln der Ewigen Stadt. Zu seiner Geschichte sei erwähnt, daß an keiner anderen Stelle des alten Rom die »geographische« Situation durch den Menschen so stark verändert worden ist wie hier: so wurden einmal die Täler an den Seiten des Quirinal zu verschiedenen Zeiten aufgefüllt; zum anderen wurde der Quirinal, der ursprünglich mit dem kapitolinischen Hügel verbunden war, von diesem getrennt. Diese Trennung erfolgte durch den Durchstich, den Kaiser Trajan (98-117 n. Chr.), der das römische Kaisertum auf die Höhe seiner Macht geführt und der dem Römischen Reich die größte Ausdehnung seiner Geschichte verliehen hatte, für die Anlage seines Forums vollzog.

Die ersten Bewohner auf dem Quirinal sollen die Sabiner unter ihrem König Titus Tatius gewesen sein, die sich bei der latinischen Stadt ansiedelten. So erklärte man zumindest in der Antike den Namen Quirinalis, hergeleitet von der sabinischen Stadt Cures. Diese etymologische Erklärung ist zwar nicht gesichert, aber vom Tempel des Quirinus rührt mit höchster Wahrscheinlichkeit der Name Quirinal her; Quirinus war der Name des vergöttlichten Romgründers Romulus, des Schutzherrn der Bürger.

Die Geschichte des Hügels Quirinal deckt sich mit der Geschichte Roms. Fast wie der Palatin gehört der Quirinal zum Ursprung der Stadt; denn auch die Bewohner der auf ihm angesiedelten Dörfer waren in das Tal des Forums hintergestiegen, hatten sich mit den Bewohnern des sogenannten »quadratischen Rom« getroffen und gemeinsam die ersten Stadtverordnungen erlassen.

Die Bevölkerung des Viertels auf dem Quirinalhügel muß damals den verschiedensten sozialen Schichten angehört haben. So wohnten einige bedeutende Persönlichkeiten aus dem Ritterstand auf der Westseite des Hügels, zum Beispiel Vespasian (69-79 n. Chr.) und der Freund und Briefpartner Ciceros, T. Pompeius Atticus. Dessen Haus muß in unmittelbarer Nähe des Ortes gelegen haben, wo heute der Quirinalpalast steht, nämlich hinter dem wunderschönen auf den Platz blickenden Palazzo della Consulta.

Der östliche Teil des Viertels auf dem Quirinalhügel muß einfacher gewesen sein: hier wohnte der Dichter Martial (38-100 n. Chr.). Auf dem nördlichen Teil des Hügels, der an den Pincio angrenzt – das ist Roms zentral gelegener Garten –, lagen Villen, deren bedeutendste Caesar und dem Historiker Sallust (86 v. Chr.) gehörten.

Wie sehr dieses Viertel in der Römerzeit belebt war, können wir daran erkennen, daß am Ende der Kaiserzeit gerade hier zwei der großartigsten Thermenanlagen der Stadt gebaut wurden: die Diokletianthermen in der einfacheren Gegend auf der Ostseite und die kleineren, aber raffinierteren Konstantinthermen auf der Westseite. Unter dem Quirinalhügel, außerhalb der Servianischen Mauern, die aus dem 4. vorchristlichen Jahrhundert stammen, lagen Friedhöfe.

Im Mittelalter war der Quirinalhügel kaum bewohnt. Dem Blick des Besuchers präsentierte sich der Hügel als eine Art wildwuchernder Park mit dichten Weinbergen, die zwischen den grandiosen Resten des Konstantintempels und des Sonnentempels lagen. Man nannte das Viertel um den Quirinalhügel Monte Cavallo, den Pferdeberg, nach den Rossen der beiden kolossalischen Dioskuren, der Zeussöhne Kastor und Pollux (5,6 m hoch), die einst in den Konstantinthermen standen, seltsamerweise unzerstört blieben und heute in der Mitte des Quirinalplatzes emporragen. Es handelt sich dabei um in der Römerzeit hergestellte Kopien griechischer Originale aus dem 5. Jahrhundert v. Chr.

Das neuzeitliche Schicksal des Hügels Quirinal wurde durch die Päpste bestimmt, die in der Renaissance die gute Luft auf dem verhältnismäßig hohen Hügel entdeckten und schätzten, zumal die Vatikangegend im Sommer von malariabringenden Mücken verseucht war. Das war wohl der Hauptgrund, weshalb Papst Gregor XIII., der Papst der Kalenderreform, 1573 auf dem Quirinalhügel einen Sommerpalast bauen ließ, den Quirinalpalast. Als Architekten berief er einen Landsmann, den Bologneser Ottavio Nonni, genannt Mascherino. Von da an deckt sich die Geschichte des Quirinalpalastes und die des gleichnamigen Platzes weitgehend mit der Geschichte der Päpste, die, mit wenigen kurzen Unterbrechungen, den Palast nicht nur während der heißen Sommermonate bewohnten.

Sixtus V., der Nachfolger Gregors XIII. und ein Papst, der sich in der Stadtplanung Roms große Verdienste erworben hat, kaufte schließlich das Gelände des Monte Cavallo. Mit der ihm eigenen grandiosen Auffassung der Urbanistik übertrug er die neuen Arbeiten auf dem Hügel dem berühmtesten Baumeister jener Zeit, Domenico Fontana (1543 bis 1607).

Ende des 16. Jahrhunderts waren dann bereits weite Gebiete des Geländes um den heutigen Quirinalplatz freigelegt worden; darin zeichnete sich die Tendenz des Projektes von Sixtus V. ab, nämlich aus dem Monte Cavallo den Brennpunkt der neuen Stadtplanung zu machen.

Es würde hier zu weit führen, wollten wir den Beitrag eines jeden einzelnen Papstes am Ausbau des Quirinalpalastes auch nur erwähnen. Was wir heute im und um den Palast sehen, ist die Summe von Bauten, Umbauten und Ausbauarbeiten der aufeinanderfolgenden Päpste.

Erwähnenswert ist vielleicht, daß Papst Sixtus V. auch die Gruppe der Dioskuren restaurierte und sie, wegen des

Umbaus des Platzes, verstellen ließ. Rund 200 Jahre später, unter Pius VI. (1775-1799), wurden die beiden Statuen wieder verschoben, um dem Obelisken Platz zu machen, der heute die beiden Dioskuren trennt. Im letzten Jahrhundert schließlich – 1818 – ließ dann Pius VII. einen Brunnen einfügen. Das weite Becken aus Granit hatte sich ursprünglich beim Tempel der Dioskuren im Forum Romanum befunden, wo es als Tränke gedient hatte.

Wichtig ist zu unterstreichen, daß der Quirinal-Palast und -Hügel bereits Anfang des 17. Jahrhunderts als Zentrum der kirchlichen Weltmacht gedacht war, einer Macht, die sich quasi der auf dem Kapitol befindlichen politisch-administrativen Macht der Stadt gegenüberstellte.

Die im Zuge der Französischen Revolution in Italien ausgebrochenen revolutionären Unruhen, hauptsächlich die Besetzung Roms durch französische Truppen, hinterließen auch im Quirinal ihre Spuren.

Als sich Napoleon der Stadt bemächtigte, wurde Pius VI. eingekerkert. Eine republikanische Autorität übernahm die Leitung auch des Quirinals. Anfang des Jahres 1800, als die napoleonische Regierung sich gefestigt hatte, nahm man innerhalb des päpstlichen Palastes auf dem Quirinal architektonische und künstlerische Änderungen vor, um den Palazzo den Ansprüchen des Kaisers anzupassen. Unter der Aufsicht Canovas sicherte man sich die Mitarbeit der bedeutendsten Künstler der Zeit zu. Der Besuch Napoleons in Rom war für das Jahr 1812 geplant, aber der Kaiser hatte in Rußland anderes zu tun. Napoleon mußte auf den geplanten, spektakulären Einzug in Rom verzichten; infolgedessen bekam der Kaiser auch nie die luxuriösen Neu-Ausstattungen zu sehen, die ihm zu Ehren im Quirinal ausgeführt worden waren.

Nach dem Niedergang Napoleons und der Rückkehr des Papstes Pius VII. in den Quirinalpalast begann eine Zeit, die, was die Innenausstattung des Palazzo angeht, wahrlich nichts Rühmliches hervorgebracht hat. Der Papst entfernte alles, was an Napoleon erinnerte und was entfernt werden konnte; das kaiserliche »N« verschwand überall.

Der Weltmacht Kirche war zur Zeit der römischen Republik, 1798 und während der Annexion Roms durch das napoleonische Reich nur vorübergehend und teilweise ein Ende gesetzt worden; im Jahre 1870 aber ging sie definitiv zu Ende.

Im einstigen Palast der Päpste zog ein neuer Hausherr ein: Viktor Emanuel II., der erste König des vereinten Italiens. Er hatte zunächst in Turin und später in Florenz gewohnt. Nachdem allerdings die päpstlichen Soldaten von den italienischen Truppen bei Porta Pia – unweit des Quirinals – geschlagen worden waren, und sich Papst Pius IX. als freiwilliger Gefangener in den Vatikan zurückgezogen hatte, wurde der Quirinalpalast für Italien zum Symbol einer definitiven historischen Wende.

Die Übergabe des päpstlichen Palazzo verlief jedoch keineswegs glatt. Vergeblich hatte der Statthalter des Königs den Kardinal Giacomo Antonelli um den Schlüssel gebeten. Als dieser ihn nicht herausgab, mußte ein anderer Weg gefunden werden: Der Innenhof des Palazzo stand leer. Niemand ließ sich blicken. Die Türen waren verschlossen und versiegelt. Der anwesende Vertreter der Staatsverwaltung löste die Siegel, und der herangezogene Schlosser Capanna – er ist in die Geschichte eingegangen – mußte mit einem Dietrich die päpstlichen Schlösser aufbrechen. Die Türen sämtlicher Säle und Gemächer mußten auf dieselbe Art geöffnet werden.

Die neuen Hausherren fanden nicht viel vor. Zahlreiche Räume waren vollkommen leer. Sofort wurde Hand angelegt an den Umbau bestimmter Gemächer. Der Saal, in dem die Versammlungen der Kardinäle zur Papstwahl, der Konklave, abgehalten worden waren, verwandelte sich in einen Eßraum. Im allgemeinen mußte man sämtliche Tapeten renovieren, da sie mit allen Symbolen religiöser und päpstlicher Macht verziert waren.

Pius IX. protestierte heftig gegen die Besetzung Roms durch die königlichen Truppen. Den Einzug König Viktor Emanuels II. aus Savoyen in den Quirinalpalast definierte er als eine Profanisierung und verbot, zur Strafe, alle kirchlichen Amtshandlungen innerhalb desselben. Der Papst sprach ein Interdikt aus, infolgedessen in den Kapellen des Palastes keine Messen gelesen werden durften.

Als Viktor Emanuel II. sechs Monate nach dem Sieg gegen das päpstliche Heer bei Porta Pia endgültig den Quirinal als seine offizielle Residenz bezog, versammelten sich der klerikale Adel, die Kardinäle, die Prälaten und die hohen päpstlichen Funktionäre im Vatikan um Pius IX. Sie beklagten gemeinsam, daß der ihrer Meinung nach unrechtmäßige Besitzer den heiligen Hof, so sagten sie, durch seinen Einzug entweiht habe. Zur selben Stunde, da sich die Gegner des Königs im Vatikan versammelten, um dem Papst ihr Beileid zu bekunden, erschien Viktor Emanuel II. erstmals auf dem zentralen Balkon des Palazzo und begrüßte die ihm zujubelnde Menge. Auf diese Weise trat der Quirinalpalast erstmals in die Geschichte des vereinten Italiens ein – es war der 2. Juli 1871.

Erwähnenswert ist, daß es Viktor Emanuel II. gar nicht gefiel, im Quirinal zu wohnen. Es widerstrebte ihm, in einem Palazzo zu leben, von dessen Fenster aus er – ob er wollte oder nicht – direkt die St. Peterskuppel erblickte, was ihn dazu zwang, an Pius IX. zu denken, dem gegenüber er Schuldgefühle verspürte. Abgesehen von diesen Gewissensregungen belastete den König auch ein Aberglaube: Jahre zuvor hatte ihm eine Zigeunerin vorausgesagt, daß er im Quirinalpalast sterben werde. Die Befürchtung, daß sich dies bewahrheiten könnte, plagte den König sehr. Des weiteren war das gesellschaftliche Leben im Quirinalpalast sehr beschränkt, seit der König eingezogen war. Der ganze Palast war vom Interdikt des Papstes betroffen; dies hatte zur Folge, daß man kaum gottergebene Verwandte oder ausländische Herrscher als Gäste empfangen konnte; sie fürchteten, durch eine Zusage Pius IX. zu verletzen und vermieden es deswegen, soweit es ging, Einladungen des Königs anzunehmen.

Der Start der repräsentativen Staatsfunktionen seitens des Königs des vereinten Italien wurde auch dadurch erschwert, daß Pius IX., quasi als Konkurrenz zum Königshaus, ein Repräsentationsleben führte, und dies, obschon der Papst ständig darüber klagte, innerhalb der Vatikanmauern ein Gefangener zu sein. Pius IX. verlieh Orden, hielt Zeremonien ab, unterhielt ein diplomatisches Korps, das offiziell jenes diplomatische Korps ignorierte, das beim Quirinal akkreditiert war.

Auch der sogenannte »schwarze Adel«, der sich aus den Geschlechtern der Barberini, der Chigi, der Borghese, der Aldobrandini usw. zusammensetzte, verachtete die Monarchie, die zum Symbol der Einigung Italiens und der politischen Trennung von Staat und Kirche geworden war: die Monarchie stellte gegenüber dem Papst das liberale Gedankengut, also den Fortschritt, dar.

Was den König auch sehr belastete, war die Haltung der extremen Klerikalen, die Viktor Emanuel II. ständig daran erinnerten, daß der Quirinal das Grab derjenigen werden würde, die ihn bewohnten. Böse Omen lassen kaum einen Italiener unberührt; auch Könige sind Menschen – italienische Menschen.

Eines Tages, 1872, starb im Quirinal völlig unerwartet der Statthalter des jungen Königssohnes Umberto. Die Klerikalen nahmen diesen überraschenden Vorfall zum Anlaß, nochmals gegen die im Quirinal Lebenden loszuziehen. Und so lesen wir in der uns überlieferten Chronik aus jener Zeit, wie sie in nicht sehr christlicher Weise sagten, dieser erste Todesfall möge als Lehre dienen.

Als dann Viktor Emanuel II. 1878 starb, im Quirinal, wie es die Zigeunerin dem König lange zuvor vorausgesagt hatte, zeigte sich Pius IX. großzügig. Er hob das Interdikt von 1870 auf. Viktor Emanuel II. wurde im heutigen Saal der Corazzieri, der Ehrengarde, aufgebahrt; über 100.000 Menschen aus ganz Italien zogen an seiner Bahre vorbei. Sie trauerten aufrichtig um ihren König. Der Quirinalpalast hatte in seiner ganzen Geschichte nie so viele Menschen gesehen. Pius IX. stimmte diese spontane Beileidsbezeugung des Volkes nachdenklich; er hatte aber nicht viel Zeit dazu, denn weniger als zwei Monate nach dem König starb auch er.

Von 1870 an bewohnten insgesamt vier Könige den Palazzo del Quirinale. Der letzte italienische König, der kürzlich in der Schweiz verstorbene Umberto II., residierte hier nur einen Monat, im Mai 1946, und ist deswegen als »Mai-König« in die Geschichte eingegangen. Umberto II. wurde nach dem Zweiten Weltkrieg per Volksentscheid abgesetzt. Die Mehrheit der italienischen Bürger hatte sich für die Einführung der republikanischen Staatsform ausgesprochen.

In der jüngsten Geschichte des Quirinal ist also der Übergang von der Monarchie zur Republik das bedeutendste Ereignis. Der erste gewählte Präsident der Republik Italien, Enrico De Nicola, zog nicht in den Quirinalpalast ein, sondern bevorzugte eine andere Residenz. So wurde Luigi Einaudi 1948 zum ersten Präsidenten der Republik, der den einst königlichen Palast bewohnte. Wie es der Brauch will, wurde Einaudi, begleitet von den höchsten Würdenträgern des Staates und von der Ehrengarde, den Corazzieri, vom Parlament aus, in dem die Wahl stattgefunden hatte, feierlich zum Quirinal geführt.

Gegenwärtig wird der Quirinalpalast von Sandro Pertini genutzt, dem populärsten Präsidenten unter den sieben, die die Republik seit 1946 gehabt hat. Er arbeitet im Palazzo, bewohnt ihn aber nicht; abends kehrt er zurück in seine kleine Wohnung am Trevi-Brunnen, wo er mit seiner Frau lebt.

»Warum wohnen Sie nicht im Quirinalpalast?« fragten wir den Präsidenten. Pertini antwortete: »Wohl ist der Quirinal heute das Symbol unserer demokratischen Institutionen, und ich, als gewählter Präsident, muß laut Verfassung dafür sorgen, daß diese Institutionen geachtet und geschützt werden. Deswegen übe ich mein Amt auch hier aus; aber ich fürchte, daß, wenn ich ständig hier wohnen würde, hier in diesem prunkvollen Palazzo, ich meine menschlichen Dimensionen verlieren könnte. So kehre ich jeden Abend zurück in mein Heim, wie jeder gewöhnliche Bürger; und es ist gut so.«

Dieser außergewöhnliche, mutige, heute 88jährige Präsident, der lange Jahre im Gefängnis gesessen hatte, weil er ein Gegner des Faschismus war, dieser Mann brachte es fertig, daß die Italiener den Quirinal und alles, was dazu gehört und damit gemeint ist, heute nicht mehr als etwas Fremdes und Unnahbares betrachten, sondern daß sie ihn erstmals in der Geschichte Italiens als einen konkreten Bestandteil des demokratischen Lebens im Lande ansehen.

1984

Piazza del Quirinale

Von den Corazzieri

IM EHRENHOF DES QUIRINALPALASTES in Rom, einst Sommerresidenz der Päpste, dann der Könige und jetzt Sitz des Staatsoberhauptes, nahm 1946 der letzte italienische König Abschied von seiner Leibgarde. Der König ging – die Garde ist geblieben. Sie beschützt den vom Parlament gewählten Präsidenten der Republik. Offiziell heißt sie »*carabinieri* – Garde des Staatspräsidenten«, aber der Volksmund nennt sie kurz *corazzieri*.

Ihre historische Aufgabe, den Palazzo del Quirinale zu bewachen und das Staatsoberhaupt zu schützen, ist ein heute immer schwieriger werdendes Unternehmen, weil der gegenwärtige Präsident, Sandro Pertini, ständig den direkten Kontakt mit dem Volke sucht, der terroristischen Bedrohung zum Trotz.

Die *corazzieri* sind eine Eliteeinheit der *carabinieri*, also der Militärpolizei, somit dem Heer unterstellt und wohl die einzige populäre Polizei Italiens.

Trotz der Abschaffung der Monarchie spiegelt sich in ihrer äußeren Erscheinung die historische Kontinuität der einstigen Leibgarde der Fürsten und Könige von Savoyen und dem vereinten Italien wieder. Die Entstehungsgeschichte der Leibgarde geht auf die Einigung Italiens zurück, doch ihre soldatische Tradition stammt noch aus dem Jahre 1570 und ist in ihren wesentlichen Zügen unverändert geblieben. Noch immer ist eine Mindestgröße von 1,90 Meter vorgeschrieben – die Offiziere dürfen allerdings zehn Zentimeter kleiner sein. Das hat nicht nur ästhetische Gründe. Die außergewöhnliche Größe soll den Schutz für das Staatsoberhaupt erhöhen. Auch der Säbel dient nicht nur der Zierde. Im letzten Jahrhundert in Neapel und 1912 in Rom retteten *corazzieri* dem König das Leben mit heftigen und gut gezielten Säbelhieben gegen die Attentäter.

Die *corazzieri* begleiteten ihre Könige auf die Schlachtfelder der Geschichte. Die Garde gehört zur Kavallerie. Die Pferde stammen aus Irland, aus einer Züchtung, die sich besonders durch die Merkmale »Kraft« und »Gleichmut« auszeichnet. Stark müssen die Pferde sein, denn neben den rund 100 Kilogramm schweren Reitern tragen sie noch Zaum und Sattelzeug von 40 Kilogramm Gewicht. Bei Paraden oder während der Ehrenwache müssen sie lange in völliger Ruhe stehen können.

Die Kaserne ist eine Welt für sich. Solange ein *corazziere* ledig ist, muß er in der Kaserne wohnen. Nur die Verheirateten dürfen nach Dienstschluß zu Hause übernachten. Wenige Römer wissen, daß die Kaserne der *corazzieri* an der zentralen Via Venti Settembre liegt, die so heißt, weil hier am 20. September 1870 die italienischen Truppen, die den Papst besiegt hatten, in Rom einmarschiert waren. Die Straße ist eine Fortsetzung der Via del Quirinale, die am Nebengebäude des Palazzo entlangführt. Nur ein kurzer Weg trennt die *corazzieri* von ihrem Arbeitsort, dem Quirinal.

Ein Seiteneingang führt direkt in den großen Garten, der im 17. Jahrhundert angelegt worden ist. Dieser Garten war im 16. Jahrhundert ein großer Weinberg und gehörte dem Kardinal d'Este, dem Sohn der Lucrezia Borgia. Als der Quirinal noch Wohnsitz der Päpste und Könige war, durften nur wenige Auserwählte diesen Garten betreten. Heute empfängt hier der Staatspräsident am 2. Juni, dem Jahrestag der Republik, die Vertreter des Parlaments, der Gewerkschaften und der Parteien zu einer großen Feier. Die Eingänge zum Quirinal-Garten werden, wie alles, streng bewacht.

Die Ehre, *corazziere* sein zu dürfen, überträgt sich nicht auf die Höhe des Gehalts, denn dies entspricht nur dem eines *carabinieri* mit besonderer Zulage.

Die älteren *corazzieri* stammen fast alle aus Norditalien; nur dort ließen sich einst so hoch gewachsene Italiener finden. Heute dagegen sind alle Regionen Italiens unter ihnen vertreten, weil die Durchschnittsgröße der Italiener inzwischen um zehn Zentimeter zugenommen hat.

In der *sala delle feste*, dem Festsaal des Quirinals, erreichen Prunk und Pomp der *corazzieri* ihren Höhepunkt. Dort sehen wir, warum die Italiener die Gardesoldaten *corazzieri* nennen, nämlich der Kürasse wegen, jener Brustpanzer, die zur Galauniform gehören.

Die höchsten ausländischen Gäste des Staates werden in der *sala delle feste* mit allen Ehren empfangen. Der Präsident der Republik und der Gast schreiten dort die Front der Kürassiere ab. Quirinal und Garde sind untrennbar miteinander verflochten. Solange der Quirinalpalast die Residenz des Staatsoberhauptes ist, solange gehören auch die *corazzieri* mit ihren Traditionen und ihren prunkvollen Uniformen dazu.

Ein wichtiger Augenblick im Leben eines *corazziere* ist deshalb der Gang in die Schneiderei. Hier wird die *haute couture* der Uniformen gepflegt. Denn sieben Uniformen erst machen den richtigen *corazziere* aus. Der einwandfreie Schnitt und eine Eleganz, die kaum ihresgleichen unter den Militäruniformen kennt, tragen dazu bei, die *corazzieri* vor allen anderen Waffenträgern hervorzuheben.

Aber sie sind keineswegs nur repräsentierende Schönheit, auch ihre militärische Ausbildung befindet sich auf höchstem Stand. Im Ausland hält man die Italiener zwar nicht für gute Soldaten. Gewiß, wenn man das Soldatische an der Bereitschaft zum blinden Gehorsam mißt, dann besitzen sie kaum das, was man Kampfgeist nennt. Wenn es aber darum geht, mit Überzeugung einer gerechten Sache zu dienen, dann erweisen sie sich oft als mutige Kämpfer. Dies erklärt, weshalb sich italienische Soldaten in Angriffskriegen nicht besonders ausgezeichnet haben, obwohl sie ihr Land und ihre Freiheit oft gut zu verteidigen wußten.

Auch die Pferde müssen täglich zur Ausbildung. Früh morgens, wenn die Römer noch schlafen, verlassen die *corazzieri* hoch zu Pferde die Kaserne und reiten durch die Via Veneto in den Park der Villa Borghese. Durch die Porta Pinciana ziehen sie in den antiken Garten, der einst den Prinzen Borghese gehörte. Roß und Reiter verschmelzen zu einer Erscheinung von Kraft und Schönheit, und in der Stille dieses ersten Morgenlichtes lebt ein Bild aus vergangenen Zeiten auf. Auch so ist die Unvergänglichkeit von Rom zu erahnen; die moderne Lebensart, die der Stadt so viel Unheil angetan hat – zu dieser Stunde vermag sie das strahlende Licht in ihrem alten Antlitz nicht zu trüben.

Und doch ist das Äußerliche gar nicht das Auffallendste an diesen *corazzieri*; vielmehr beeindruckt an ihnen, daß sie in ihrer Uniform als Menschen individueller Persönlichkeit erscheinen.

1978

Corazziere

Die Steine von Sor Fernando

SEIT 2500 JAHREN BESTIMMT die Stein-Bearbeitung die urbanistische und künstlerische Entwicklung Roms. Die Kirchen und Denkmäler tragen hier Namen berühmter Künstler. Aber ohne die Handwerker wären viele der römischen Sehenswürdigkeiten nie entstanden. Mit Recht also enthält im Italienischen der Begriff *artigiano*, Handwerker, das Wort *arte*, Kunst.

Auch Handwerker sind Künstler. Zum Beispiel Sor Fernando, der als Steinmetz eine der wenigen, noch erhaltenen Werkstätten in Rom unterhält. Für Kugeln hat er eine Schwäche.

Mögen Sie Kugeln?

»Alles Schöne ist rund«, sagt er, »die Erde, die Sonne, die Frauen. – Diese Kugeln haben wir gemacht; zuerst mit der Drehbank, dann haben wir sie gebosselt, damit sie antik wirken.«

Sor Fernando lebt und arbeitet in einer Umgebung, in der auch seine Urgroßväter lebten und arbeiteten. Die Werkstatt ist von den Jahrhunderten nicht berührt worden. Sor Fernando ist 60 Jahre alt und seit 50 Jahren Steinmetz. Er ist einer der wenigen echten Römer, die es noch gibt, und er hat eine geradezu sinnliche Beziehung zum Stein und seiner Vielfalt; denn: »Stein spiegelt das Leben wieder«, sagt er, »wegen der verschiedenen Härten und der vielen Schattierungen, die er enthält.«

Ist das Marmor?

»Nein, Marmor hätte der Witterung nicht standgehalten. Ein Handwerker muß wissen, welches Material sich wozu eignet… Das wird eine Säule. Aber nicht nur zur Zier. Den oberen Teil habe ich ausgehöhlt. Darin kann Schmuck versteckt werden; Phantasie muß man haben, gegen Wohnungsdiebe. Die Säule ist nicht aus einem Stück, weil dieses Material, *figlino di Prato* genannt, nie große Blöcke hergibt. Aber wenn man Verzierungen anbringen muß, dann ist es ohnehin besser, man arbeitet an kleinen Teilen. Dieser Stein ist sehr brüchig, weich. Er wird in der Toskana gewonnen, bei Florenz. Nicht sehr kostbar. Doch wenn man ihn schön poliert, so verfehlt er seine Wirkung nicht.«

Die Zeit scheint hier stehengeblieben zu sein. Ein kleiner, den Augen der Touristen verschlossener Winkel Roms, der erahnen läßt, welcher Zauber einst die Stadt umhüllte.

»Mein Werkzeug, all diese Fäusteln, diese Bossierhammer, die nutzen sich ab im Laufe der Jahre. Man muß den Hammer z. B. immer wieder geradezu ausfüllen; er bekommt mit der Zeit Löcher. Aber nur aus Eisen dürfen unsere Hämmer sein, denn ein gehärteter Hammer, aus Stahl, würde so hart auf die Steine aufprallen, daß mein Arm brechen könnte. Das richtige Werkzeug für mich macht nur noch Pippo, der alte Schmied.«

Sor Fernandos Werkzeuge sind für ihn so kostbar wie Stein und Marmor. Nur Pippo, seinem alten Freund, dem Schmied, vertraut er sie an.

Auch Pippo ging, wie der Steinmetz, kaum zur Schule. Seit 50 Jahren steht er in seiner *bottega*, seiner Werkstatt, und stellt Werkzeuge her, die es sonst nirgends zu kaufen gibt; Werkzeuge, die nur nach Wunsch und Maß eines jeden Künstlers oder Handwerkers geschaffen werden. Nur er, Pippo, weiß noch, wie stark ein Werkzeug für den jeweiligen Zweck gehärtet werden soll.

Mit Sor Fernando hat Pippo die Liebe zur Arbeit gemeinsam, zum Material, das er täglich berührt, formt, verwandelt. Beiden ist die Hast unserer Zeit unbekannt. Hier wird das Mittelalter wieder gegenwärtig. Wer wird – nach Pippo – dessen

Arbeit übernehmen? Niemand. »Den Beruf nehme ich mit ins Grab«, sagt Pippo, »denn die Jugend hat keine Phantasie – sie geht lieber in die Fabrik.«

Die Werkstatt Fernandos ist eine Fundgrube. Sor Fernando will nicht zu jenen Kunstgewerblern zählen, die von der Tradition überlieferte Gegenstände nachmachen. Selbst in den Ausführungen der ihm erteilten Aufträge flicht er seinen persönlichen Geschmack und seine Phantasie hinein.

Was tun Sie da?

»Ich suche die passenden Marmorstücke aus. Sie müssen farblich zueinander passen. So sieht es nicht aus, als wenn die Säule zusammengetragen worden wäre. Es ist wie ein Spiel; die einzelnen Stücke müssen fast miteinander verschmelzen. Ein Handwerker hat nicht immer Aufträge, und so muß er in der arbeitsarmen Zeit seine Phantasie walten lassen. Ohne Phantasie sind wir verloren. Sehen Sie, jene Säule dort. Der Kern ist aus Travertinstein. Rundherum habe ich die passenden Marmorstücke eingelegt. Nach einem bestimmten Kriterium, natürlich. So – dann wirkt die Säule so, als wäre sie aus einem Stück.«

Ist das eine alte Technik?

»Sehr alt, klassisch. Meine Vorfahren machten es schon so. Auch jene Schale dort habe ich hergestellt. Ein Antiquar brachte uns das Marmorstück. Und dieser Stein da stammt aus Afrika; er ist wunderschön, gehört zur Familie der Brekzie. Schon die alten Römer führten ihn aus den eroberten Gebieten ein. Das hier ist Broccatello, Brokatmarmor aus Spanien. Jeder Stein trägt den Namen des Landes, aus dem er stammt. *Travertino romano*, *marmo di Carrara*, *portoro*, d.h. Marmor, der aus Portovenere kommt, usw.«

Und wer sind die da unten?

»Solche Büsten stellen wir zusammen mit Bildhauern her. Ja, und dann verkaufen wir sie für antik. Also, schön sind sie nicht gerade ... Aber die Kriegsgewinnler, die Neureichen, die kaufen sie. Die sind keine Kunstkenner. Wir müssen uns eben zu helfen wissen; wir müssen so viel Steuern zahlen, und die Materialpreise steigen auch ständig. So suchen wir nach einem Ausgleich.«

Restaurieren Sie auch?

»Ja, auch. Bei diesen Frauenbüsten mußte ich zum Beispiel ein Stück einsetzen und auch einen Sockel machen. Da schlage ich oft bei Michelangelo nach. Diesen kleinen Sockel habe ich bei einem Werk von Bandinelli kopiert.«

»Keine Maschine wird je den Steinmetz ersetzen«, behauptet Sor Fernando, »all dies wird nie am Fließband entstehen. Stein kann tot wirken, aber durch Menschenhand wird er zum Leben erweckt.«

Steht auch draußen in der Stadt etwas von Ihnen?

»Gewiß, ich habe die Bauarbeiten der Flaminio-Brücke beaufsichtigt und die Kolonnade des Bernini auf dem St. Petersplatz restauriert. Die Bauarbeiten an der Brücke begannen unter Mussolini. Dann aber verloren wir den Krieg, und die Brücke mußte aus Kostengründen ihr majestätisches Aussehen einbüßen.«

Vielleicht zu ihrem Vorteil. Die wenigen Adler, die man symbolisch wohl als Zeichen vergangener Pracht hat stehenlassen, wirken heute eher melancholisch.

»Wir *artigiani* verschwinden. Die Alten sterben aus, und die Jungen haben nichts gelernt.« Sor Fernando aber arbeitet weiter, heiter, in sich ruhend. Fast das Symbol einer verlorengegangenen Zeit, die wie alle Epochen ihre Menschen prägte, auch ihn, den Sor Fernando.

1976

Wo essen die Römer?

VOLKSSPRÜCHE SAGEN VIEL über ein Land und seine Bewohner aus. So verrät die italienische Redensart *sacco vuoto non sta ritto*, ein leerer Sack steht nicht, die große Bedeutung, die die Italiener im allgemeinen und die Römer im besonderen dem Essen zuschreiben.

Der beliebteste Treffpunkt der Römer ist und bleibt das Eßlokal, sei es die *trattoria*, das Restaurant, die *pizzeria* oder die *locanda*, das Gasthaus. Liebesworte werden hier eher um einen gedeckten Tisch ausgetauscht als beim Spazieren »in der Natur«. Das hat den Vorteil, daß man sich in die Augen schauen und gleichzeitig essen kann. Nur Barbaren, hört man hier sagen, konnten so etwas Diabolisches erfinden wie das »Arbeitsessen«.

A tavola non si invecchia, um einen gedeckten Tisch altert man nicht, heißt ein Sprichwort, das heute noch gültig ist, trotz der Theorie des gesundheitsschädlichen Übergewichts, von der man in Rom aber nicht viel hält. Lukullus, Staatsmann und Feldherr im 1. Jahrhundert v. Chr., ist nicht nur seiner Taten wegen in die Geschichte eingegangen, sondern auch als Feinschmecker. Die Römer weisen gerne darauf hin, daß Lukullus 60 Jahre alt geworden ist, zu einer Zeit, da das Durchschnittsalter der Römer unter 40 lag.

Während aber das Essen für die Römer seine alte Bedeutung beibehalten hat – die Bedeutung der Freude und des Genusses –, so hat sich im Alltag der Römer insofern etwas verändert, als sie heute weniger oft als früher auswärts essen gehen. Verschiedene Faktoren haben dazu beigetragen: die erhebliche Preissteigerung ist nicht der einzige Grund. Auch die zunehmende Kriminalität hat zu dieser Gewohnheitsänderung beigetragen. Ferner hat sich die Wohnkultur der

Römer aus allen sozialen Schichten in den letzten Jahrzehnten verbessert, so daß man heute mehr als früher Freunde zum Essen nach Hause einlädt.

All dies im voraus gesagt – wo treffen sich die Römer? Die Bewohner der italienischen Hauptstadt sind bequem. Immer noch, wie einst, als die Menschen weniger mobil waren, suchen sie mit Vorliebe eine *trattoria* im eigenen Wohnviertel aus – am liebsten um die Ecke. Es ist ein seltsames Verhältnis, das stillschweigend zwischen Wirt und Gast entsteht: eine Freundschaft, die auf den gemeinsamen Gaumeninteressen beruht. Die Römer haben »ihre« *trattoria* wie andere ihren Arzt haben.

Aber oft wird die Wahl eines Eßlokals auch eine berufliche oder gesellschaftliche Gewohnheitssache. In der Innenstadt, im historischen Kern, treffen sich Parlamentarier bei *Il Buco* (Via S. Ignazio 7-8). Die *trattoria* ist knapp 300 Meter von Montecitorio, der Abgeordnetenkammer, entfernt, zwischen dem Corso und dem Pantheon. Il Buco ist eines der toskanischen Eßlokale der Hauptstadt. Man lasse sich von der Bescheidenheit der äußeren Umgebung nicht täuschen; die »Ungemütlichkeit« vieler römischer *trattorie* spricht in den meisten Fällen für Qualität. Kerzenlicht beim Essen mögen die Römer im allgemeinen nicht; es steigert ihr angeborenes Mißtrauen; sie bevorzugen grelles Licht, denn sie wollen genau sehen und prüfen können, was auf dem Teller liegt. Die Römer weiten den Volksspruch *né donna né tela a lume di candela*, weder Frauen noch Gewebe soll man bei Kerzenlicht kaufen, auch auf das Essen aus. Zu den toskanischen Spezialitäten bei Il Buco gehören *pasta e fagioli* – eine dicke Bohnensuppe mit Teigwaren und *pappardelle alla lepre*, breite Bandnudeln mit Hasenbraten. Bescheidene toskanische Speisen, die bestätigen, daß es viel Kunstfertigkeit braucht, um etwas Einfaches zu kochen.

Parlamentarier, Abgeordnete und Senatoren treffen sich auch gerne in der *trattoria la Campana* (Vicolo della Campana 16). Das Lokal ist von beiden Parlamentshäusern in zehn Minuten zu Fuß zu erreichen. La Campana ist eines der ältesten römischen *trattorie* und führt mit Erfolg die Tradition römischer Küche fort. Spezialitäten: Gemüse auf die verschiedensten Arten zubereitet, roh und gekocht, Lammbraten, Fischgerichte und vorzügliche Apfeltorte.

Al Pantheon oder einfach *da Fortunato* (der Wirt heißt so) treffen sich gerne Spitzenpolitiker; auch Sandro Pertini war hier Stammgast, bevor er zum Präsidenten der Republik ernannt wurde. Selbst wer sich innerhalb des Parlaments heftig beschimpft, lächelt sich bei Al Pantheon zu. Schriftsteller von Weltruf wie Alberto Moravia und Leonardo Sciascia sind hier ebenfalls anzutreffen. Die Küche ist »überregional«: vom *manzo al Barolo*, dem Rindfleisch in Barolo-Wein gekocht nach piemontesischer Art, bis zu den *orecchiette alla barese*, einer Teigwarenspezialität, wie man sie in Süditalien (Bari) ißt.

Fast parallel zur Via del Tritone (die große Geschäftsstraße) liegt die Via degli Avignonesi. In der Nummer 22 befindet sich die *trattoria Colline Emiliane*, ein typischer Familienbetrieb. Der Wirt, seine Frau und die Tochter führen gemeinsam das Geschäft, dessen Charme in seinem etwas altmodischen Ambiente liegt und dessen Erfolg hauptsächlich auf den Vorspeisen beruht. Hier treffen sich namentlich die Geschäftsleute der Gegend. Die *pasta* wird täglich frisch gemacht, mit den Händen natürlich, nicht etwa durch eine Nudelmaschine gedreht. Diese ist für einen echten Emilianer etwas Ähnliches wie ein Folterwerkzeug. Die Maschine, so die Kenner, hinterlasse notgedrungen einen Metallgeschmack im Teig. Nur kräftige Frauenhände, die mit schnellen und liebevollen Bewegungen – der Teig wird beim Auswallen auch fein gestreichelt – die Teigmasse kneten, können das Wunder der *pasta all' uovo* vollbringen. Auch nervöse und zu magere Frauenhände eignen sich nicht zum *fare la pasta*, belehren die Emilianer.

Ein internationales Restaurant, das die zum gehobenen intellektuellen Bürgertum gehörenden Römer gerne besuchen, ist *L'Eau Vive* (Via Monterone 85). Es sind die *travailleuses missionaires*, die Laienmissionsschwestern aus aller Herren Länder, die das Lokal führen. Daher auch die seltsame Stimmung zwischen Mystischem und Genießerischem. Bei Kerzenlicht und Musik werden hier französische Gerichte nebst asiatischen und afrikanischen Spezialitäten serviert. Viele Priester, Bischöfe und Kardinäle treffen sich hier. Auch Johannes Paul II. war Stammgast, als er noch nicht Papst war.

George's (Via Marche 7) in der Umgebung der Via Veneto ist Treffpunkt vieler römischer Snobs; aber nicht nur. Das Restaurant ist unmittelbar nach Kriegsende von einem britischen Offizier und seiner Mailänder Frau eröffnet worden. Die Atmosphäre ist still, das Ambiente gepflegt, klassisch und elegant. Das Personal serviert im Frack. Die Gäste gehören dem sogenannten »mondänen Rom«, dem Jet Set und der Filmwelt an.

Von echten und nicht versnobten Intellektuellen wird die *Fiaschetteria Beltrame* bevorzugt, in der Via della Croce. Das Lokal ist heute ein Museumsstück und steht unter Denkmalschutz. Nur dadurch konnte verhindert werden, daß aus ihm eine Mode-Boutique gemacht wurde. Schon vor dem Krieg war Beltrame der Treffpunkt der *intellighenzia romana*. Die *trattoria* besteht aus einem einzigen Lokal, in dem die Tische eng nebeneinander stehen; nach 13.00 Uhr ist hier kein Platz mehr zu finden. Signor Luciano, der Wirt mit dem Doktortitel, serviert persönlich den Gästen die Gerichte; seine Frau steht in der Küche. Bei Luciano – oder Cesaretto (so hieß der Vater des jetzigen Wirtes) – ißt man einfach, preiswert und gut in einem besonders sympathischen Milieu.

Nachtbummler, die nach dem Theater oder der späten

Filmvorführung hungrig sind, gehen zu *Il Padrino* (Via Arno 38). Hier werden Spaghetti auf alle erdenklichen Arten serviert. Wahre Spaghetti-Orgien spielen sich ab. Das Lokal ist von 21.00 Uhr bis 2.30 Uhr geöffnet.

Bei *Nino* in der Via Borgonona, nahe der Piazza di Spagna, trifft man die namhaftesten Geschäftsleute der Stadt, Juweliere, Antiquare, Modeschöpfer, bekannte Rechtsanwälte. Nino serviert toskanische Spezialitäten, darunter Trüffel- und Steinpilzgerichte.

La vecchia Roma auf der Piazza Campitelli, zwischen der Piazza Venezia und dem Kapitol, gehört nunmehr zu den klassischen Restaurants Roms. Seit Jahrzehnten ist das Essen gleich gut, die Kundschaft treu. Die *hors d'œuvres*, die Artischockengerichte, die Nudeln mit Zitrone und Sahne – unvergeßlich für all jene, die sie einmal gekostet haben. Richter, Rechtsanwälte, Ärzte und Diplomaten laden hier gerne ihre Gäste aus dem Ausland ein; denn im Sommer kann man draußen essen, auf einem der schönsten römischen Piazze, umgeben von Palazzi aus dem 17. Jahrhundert.

Wenige Schritte davon entfernt, in der Via dei Delfini 23, hinter dem Sitz der Kommunistischen Partei Italiens in der Via delle Botteghe Oscure, kann man einen Kaffee in der winzigen Bar *Vezio* trinken. Das Lokal ist wirklich ein Kuriosum: eine Galerie der Geschichte des Kommunismus wartet dort auf den Besucher. Vezio ist Kommunist, Fußballfan des *AS Roma* und einer der wenigen echten Römer, die noch in der Stadt leben. Wenn er guter Laune ist, kann man mit ihm sehr lebhafte und spaßige Diskussionen führen.

Ganz in der Nähe kann man auch schnell und billig bei *Benito* in der Via dei Falegnami 14 im Ghetto essen gehen. Hier ist es immer überfüllt, aber trotzdem gemütlich, mit einer sehr gemischten Kundschaft. Benito ist auch ein Weinladen, aber mittags bereiten er und seine Frau wenige, aber leckere warme Gerichte zu, fast ein *fast food* auf römisch.

Die wohlhabenden Römerinnen treffen sich nach dem Einkaufsbummel mit Vorliebe bei *Babington* zum Tee (Piazza di Spagna). Hier steht ein Stück England im Herzen Roms. Die Räume sind still, die Bedienung vorzüglich, Tee und englische Kuchen unübertroffen. Die Wände sind mit dunklem Holz getäfelt, und im Winter strahlt ein großes Kaminfeuer zusätzlich Wärme aus. Das Lokal ist vor der Jahrhundertwende von den beiden Schwestern Babington eröffnet worden und nunmehr zu einer Institution der Stadt geworden.

Wer statt Tee Kaffee vorzieht, der trifft sich bei der *Tazza d'oro* (Via degli Orfani 86, beim Pantheon), allerdings nur im Stehen. Dafür bekommen hier die Römer den stärksten, dunkelsten und heißesten Kaffee, den sie sich nur wünschen können. Die Römer streiten sich allerdings immer noch, ob der Kaffee bei *S. Eustachio*, Piazza S. Eustachio, oder in der Tazza d'oro besser sei; darüber entstehen Diskussionen fast wie unter Fußballfans.

Die Römer, die *gelati*, Eis, mögen, gehen nach wie vor zu *Giolitti* (Via degli uffici del vicario 7). Zwanzig Eissorten können sie haben, außerdem die *coppa Giolitti* – unübertroffen an Qualität und Augenfreude. Die Römer kaufen auch ihre Eistorten hier, wenn sie zu Hause Gäste empfangen. Wer eine Vorliebe für Schokoladeneis hat, der verabredet sich bei den *Tre Scalini*, Piazza Navona. Während der *tartufo* im Munde zergeht, blickt man auf den spektakulärsten Platz Roms: die Piazza Navona.

Auf Rom liegt ein einmaliger Zauber· die Stadt ist ein lebendiges Museum. Und nicht zuletzt sind auch die *trattorie*, die *ristoranti* und sämtliche Eßlokale mit den sich darin bewegenden Menschen ein wesentlicher Teil dieses Museums.

1983/1987

Franca Magnani bei Vezio in der Via dei Delfini

Die Römer im Verkehr

DIE ZUR AUGENFREUDE UND zur menschlichen Begegnung angelegten Plätze Roms sind heute zu chaotischen Parkplätzen heruntergekommen. Die über 2000 Jahre alten Kunstschätze werden von Abgasen und Verkehrserschütterungen zerstört, zerbröseln und lösen sich in Staub auf.

Von dem gigantischen Verkehr geht die schlimmste Bedrohung für Rom aus. Ein ökologisches Problem ist dies – gewiß! Aber es ist auch eine Folge der Regierungs- und Verwaltungspolitik, die der grenzenlosen Grundstücks- und Bauspekulation und dem urbanen Wildwuchs in den Nachkriegsjahren freien Lauf gelassen hat.

Und was tun die Behörden *jetzt* gegen das römische Verkehrschaos? Oder sollte man besser fragen, was tun sie nicht?

Der historische Stadtkern Roms ist 14,3 Quadratkilometer groß. Darin leben 148.000 Einwohner, davon vier Fünftel in historischen Häusern und Palazzi, die weder Innenhöfe noch Gärten, noch Garagen aufweisen, in denen Autos untergebracht werden können. Letztere häufen sich somit auf Straßen und Plätzen in Zweier-, manchmal Dreierreihen auf. Und Jahr um Jahr nimmt die Zahl der Privatautos zu. Täglich fahren mehr als eine halbe Million Autos durch die Innenstadt, auf 14,3 Quadratkilometern Fläche! Immer wieder rollt eine Welle von Maßnahmen über die Stadt: Fußgängerzonen, autofreie Straßen, Sperrung des historischen Zentrums für den Privatverkehr zu bestimmten Stunden. Gegen diese Maßnahmen allerdings steht die Erteilung von Sondergenehmigungen, *bolli* genannt, um trotzdem durchfahren zu können: für Bewohner, Ärzte, Parlamentarier, Journalisten, höhere Angestellte der Ministerien und der diplomatischen Vertretungen und für Geschäftsleute. Nach inoffiziellen Schätzungen, genaue Zahlen waren nicht zu erfahren, sollen 25.000 Sondergenehmigungen erteilt worden sein, mit steigender Tendenz; hinzu kommen die vielen Fälschungen, die bereits zirkulieren.

Wie verhalten sich die Römer in diesem Verkehr? Überspitzt ausgedrückt: gesetzeswidrig – sowohl beim Fahren wie auch beim Parken. Jeder denkt zuerst und vor allem an sich, denkt daran, selber vorwärtszukommen oder für sich einen Parkplatz zu erobern. Und wenn gelegentlich die zweite und dritte Reihe zugeparkt sind, kommt auch der öffentliche Nahverkehr zum Erliegen. Dann weichen die Römer zum Vorwärtskommen um jeden Preis auf die Sonderspuren der Autobusse und Taxis aus. Ausländische Touristen und manche Norditaliener kritisieren die römische Fahrweise aufs heftigste als egoistisch, disziplinlos, arrogant und präpotent. Bleibt zu prüfen, ob man in Rom auf andere Weise und dennoch vorwärtskommen könnte. Aber das ist eine andere Frage in einer Stadt, die nur zwei Untergrundbahnlinien kennt, wo jeder weitere Ausbau nicht nur Kosten, sondern auch archäologische Probleme, Verzögerungen oder gar Verluste mit sich bringt.

Die Römer und der Lärm

Die Römer haben ein seltsames Verhältnis zum Lärm – nämlich keines. Die Mehrheit von ihnen registriert den Lärm überhaupt nicht; und weil er *sie* nicht stört, machen sie weiterhin Lärm, in der Annahme, er störe auch andere nicht.

Manche Fachleute der menschlichen Psyche versuchen immer und immer wieder, den Ursprung dieser sogenannten akkustischen Unsensibilität zu erforschen. Nun, die Gewohnheit spielt eine eminent wichtige Rolle: Ein römisches Kind ist mehr von Lärm umgeben als ein anderes. Man spricht laut, Hörfunk- und Fernsehgeräte laufen in voller Lautstärke, ohne daß sich jemand der Nachbarn darüber aufregt. Beim

Verkehrsstau hupen die Autofahrer, als wenn dadurch der Fluß der Autos wieder in Gang käme. In Wahrheit jedoch »befreit« das Hupen den Fahrer von seinem Zorn darüber, stillzustehen – so quasi nach dem Motto: Wer hupt, entspannt. Daß der Lärm andere stören könnte, daran denken wenige.

Aber abgesehen davon, daß man in Italien mit Lärm aufwächst, also daran gewöhnt ist, nennen manche Psychologen und Soziologen auch andere Gründe für die auffallende Unempfindlichkeit so vieler Italiener für Lärm: es stecke so etwas wie eine atavistische Angst vor der Stille dahinter, und somit auch ein gewisser Infantilismus. Italiener bräuchten Lärm und »Laut-Sein«, um sich selber Mut zu machen, ähnlich wie manche Kinder singen, wenn sie alleine in einen dunklen Keller hinabsteigen müssen.

Viele sind erstaunt, wenn man sie auffordert, sich ruhiger und stiller zu verhalten: »Wenn man tot ist, wird man so lange still sein müssen«, sagen sie. Von akustischer Verschmutzung weiß der Durchschnittsbürger in Italien also noch recht wenig und faßt solche Gefahren eher theoretisch auf.

Hüter der Ordnung

Autofahrer wie Polizisten zeigen erstaunliche Geduld. Die Fahrer bleiben dabei dem Grundprinzip vieler Römer treu: Mit den Hütern der Ordnung soll man sich nie anlegen, sondern »elastisch« sein; infolgedessen wird versucht, unter allen Umständen den *vigile* in ein Gespräch zu verwickeln: Es wird verhandelt, alle Überredungskünste werden versucht. Die Auswahl der Argumente paßt sich dabei der jeweiligen Situation an. Zur Zeit sind Höflichkeit, Respekt und Freundlichkeit gegenüber den Polizisten Trumpf. Eine ungewöhnliche Verwirrung aber stiften jene wenigen – zu denen auch ich mich zähle –, die, erwischt man sie *in flagrante*, mutig in die

Augen des Ordnungshüters blicken und deutlich und klar nur die Wahrheit sagen, nämlich: »Sie haben recht, Sie haben Ihre Pflicht zu tun, strafen Sie mich.« An so viel Bürgersinn ist ein römischer *pizzardone*, wie der *vigile* umgangssprachlich heißt, nicht gewöhnt: Der arme Mann wittert eine Falle. Er staunt, zögert, zweifelt, wägt ab und murmelt dann: »Gehen Sie, gehen Sie, aber schnell.« Dann wendet er sich hastig ab, als wäre er dem Teufel begegnet.

Die Freude der Römer am Disput, am Verhandeln, am Hinausschieben, wenn es um eine wohlverdiente Verkehrsstrafe geht, hat mich immer fasziniert. Denn es geht dabei keineswegs um Geld, die Römer sind eher *spendaccioni*, verschwenderisch. Ich vermute, es geht ihnen mehr um die »psychologische Ehre«, jemanden reinzulegen. Professor De Masi, Soziologe und Verhaltensforscher in Rom, vermutet, daß römische Autofahrer deshalb so gern diskutieren, »weil es doch in der Lage, bei einer Verkehrssünde ertappt zu werden, die einzig mögliche Haltung ist: Es zeugt von rationalem Verhalten in der gegebenen Situation und von Flexibilität in einem äußerst turbulenten Kontext. Der Fahrer darf nicht mit einem Soldaten verglichen werden, der einen regulären Stellungskrieg führt, sondern mit einem Guerillakämpfer, der sich an den Dschungel anpassen und alles unternehmen muß, um lebend davonzukommen.« – »Ja, und die Nachteile?« wollte ich weiter wissen. »Zeitverlust und Neurosen. Und Zeit hat in einer postindustriellen Gesellschaft einen gewaltigen Wert. Doch, wohlgemerkt, Signora, es gibt auch Vorteile: Das Verhalten der römischen Autofahrer bedeutet ein ständiges Training zur Anpassung und Flexibilität. In 100 Jahren könnten die Römer hervorragende Manager von Zukunftsunternehmen sein – jetzt machen sie eine kostbare Lehrzeit dafür.«

Wenn hier so viel vom Verkehr die Rede ist, so nicht allein deshalb, weil er zum drängendsten Problem für das Überleben Roms geworden ist, das heißt, weil von ihm die »Ewigkeit« der

Stadt abhängt, sondern auch, weil sich durch das ständig wachsende Chaos die Lebensweise der Römer gewandelt hat: Der kulturelle Austausch, der noch vor 15 bis 20 Jahren bestand, findet kaum mehr statt. Die vorhandenen kulturellen Gruppen fallen auseinander, sind zersplittert, kommunizieren – mündlich – kaum mehr miteinander. »Aber ohne Kommunikation gibt es keine Kultur«, erklärte dazu der Schriftsteller Alberto Moravia.

1988/1993

Verkehrspolizist

Stadtsanierung

DAS KAPITOL IN ROM. Hier auf einem der sieben Hügel der Stadt waltet seit 1976 erstmals eine »rote« Stadtregierung. Ganz abgesehen von der Wirtschaftskrise erwarten schwere Aufgaben die Stadtverwaltung: Das *centro storico*, jener historische Stadtkern, der sich im Laufe von 2000 Jahren innerhalb der aurelianischen Mauern entwickelt hat, schwebt in Gefahr, zu verfallen.

Drei Ursachen gibt es namentlich für den gegenwärtigen Zustand des historischen Zentrums von Rom: Erstens wurden zur Zeit des Faschismus ganze Gassenviertel abgerissen, um Prachtstraßen anzulegen und gigantische Marmorpaläste zu errichten. Zweitens hat die Mißwirtschaft der von der *Democrazia Cristiana* geführten Stadtregierung 30 Jahre lang die Bauspekulation nicht nur geduldet, sondern oft gefördert, vor allem dadurch, daß Baulizenzen auf dem Bestechungswege gewährt wurden. Drittens schließlich haben die kirchlichen Institutionen ihre innerhalb der Stadt liegenden Besitztümer in Parzellen aufgeteilt und verkauft; die reguläre Erlaubnis dazu lieferte ihnen die damalige Stadtverwaltung. Man spricht hier diesbezüglich vom *terzo sacco di Roma*, von der dritten Plünderung Roms.

Noch ist aber nicht alles verloren. Es geht der neuen Stadtregierung darum, den historischen Stadtkern samt seiner Bevölkerung zu retten.

Allerdings ist die Bevölkerung des historischen Zentrums in den letzten 20 Jahren bereits auf die Hälfte geschrumpft. Bauspekulation und private Sanierungsspekulation haben 200.000 Römer zum Auszug in die trostlosen Viertel der Peripherie gezwungen. Von den verbleibenden Bewohnern sind nur noch 30 Prozent echte Römer, *romani de Roma*, wie man hier sagt. Die populären Volksschichten wurden verdrängt und ersetzt durch wohlhabende Einwohner oder Ausländer, die in die restaurierten und teuren Wohnungen einzogen. Besonders gering ist die Zahl der übriggebliebenen Handwerker. Durch den Auszug so vieler Bewohner sanken die Arbeitsaufträge und die Verdienstmöglichkeiten. Viele Handwerker konnten die hohen Mieten der auf privater Basis restaurierten Häuser nicht mehr zahlen; sie mußten ausziehen. So erfolgte in der Innenstadt ein schleichender Austausch der Bevölkerung.

Noch aber schlägt in manchen Straßen des *centro storico* das antike Herz Roms, dort, wo die Straße noch »Werkstatt« geblieben ist, ein Ort, an dem gearbeitet wird und wo auch nachbarschaftliche Beziehungen überleben. Die Straße als Ort der Verständigung, des Miteinanders, hier gibt es sie noch, aber sie ist bereits gefährdet und bedroht.

Den ersten Sanierungsversuch unternimmt die römische Gemeindeverwaltung im Altstadtbezirk Tor di Nona. Spontan entstandene Wandmalereien spiegeln die Phantasie und die Lebensfreude der einheimischen Bevölkerung wider sowie den Wunsch nach einer Sanierung und Restaurierung der Bauten, um das Leben, d.h. die Bewohner, hierher zurückzubringen.

In den 30er Jahren hatte die faschistische Stadtverwaltung beschlossen, das ganze Viertel abzureißen, um eines jener gewaltigen Marmorgebäude entstehen zu lassen, das der kommenden Generation den faschistischen Glanz hätte zeigen sollen. Damals waren die bestehenden Bauten enteignet worden und in den Gemeindebesitz übergegangen. Dann brach der Krieg aus, und das Projekt blieb liegen. Die Gebäude verblieben aber weiter in Gemeindebesitz.

Vor 20 Jahren wurden die noch darin lebenden Familien zum Auszug in die Vorstadt-Quartiere gezwungen. Hier sollten Büros für Verwaltungsbehörden entstehen; auch dieses Projekt wurde nicht verwirklicht, doch sind die Bauten von Tor di Nona seither (seit 1957) zum Teil unbewohnt, verwahrlost und verkommen.

»Das historische Zentrum, dieser kleine rote Fleck hier«, erklärt Frau Professor Calzolari, die Verantwortliche für die Altstadtsanierung, »ist ein Hundertstel des ganzen Gemeindegebietes; hier wohnen nur noch 167.000 Menschen – gegenüber mehr als zwei Millionen des übrigen Rom.«

Restaurierungsbedürftig, nicht abbruchreif, sind viele dieser Bauten aus dem 18. und 19. Jahrhundert – kostbare Zeugen einer noch zu rettenden Kultur.

Im Erdgeschoß eines zu sanierenden Gebäudes tagt ein Bürgerkomitee, ein *comitato di quartiere*. Vertreter der Stadtverwaltung diskutieren hier mit den Bewohnern des Stadtviertels über Abwicklung und Methoden der Altstadtsanierung. Die Bürger interessieren sich und beteiligen sich gerne an der Diskussion. »Wir wollen auf dem laufenden gehalten werden«, sagt ein Mann. »Die Verkehrslösung in Tor di Nona, die Restaurierung der Häuser, die Privateigentum sind, die Wohnprobleme der Alten – an all diesen Entscheidungen wollen wir mitwirken.«

Die Leute haben verstanden, daß eine Sanierung, die nicht auch gleichzeitig dafür sorgt, daß die ursprünglichen Bewohner weiterhin in ihren Wohnungen und Arbeitsstätten bleiben können, das historische Zentrum – langfristig gesehen – zum Sterben verurteilt. Denn das soziale Gewebe wird auseinandergerissen. Ein historisches Zentrum ohne sein sozial-ökonomisches und menschliches Geflecht, wird zu einer Kulisse für Fremde, zu einem toten Museum. Es geht also auch hier – wie in anderen italienischen Städten, namentlich Bologna –

um ein *restauro conservativo*, um eine erhaltende, konservierende Restaurierung des historischen Zentrums.

Das Campo dei Fiori, Teil des historischen Zentrums, hat zwar stark unter der privaten Sanierungsspekulation gelitten. Aber die von der neuen Stadtregierung geführte Kampagne für die erhaltende Sanierung hat ihre Wirkung nicht verfehlt: »Hier wird nichts verkauft« und »Wir werden nie ausziehen« steht auf Plakaten, die Hausbewohner an den Fassaden angebracht haben. »Die hygienischen Einrichtungen fehlen«, erklären uns die Bewohner, »kein Licht, keine Heizung. Was möglich war, haben wir selbst gemacht, auf unsere Kosten.« Trotz primitivster Verhältnisse hängen die Leute an ihren Wohnungen. Sie werden sich nicht verdrängen lassen von Bauträgergesellschaften, die die alten Hinterhöfe oft in pompöse Gärten und die alten Wohnungen in luxuriöse Mini-Appartments für reiche Fremde verwandeln wollen.

»Ja«, erzählt uns eine hier lebende Frau, »das Haus, in dem wir wohnen, ist Privateigentum. Der ursprüngliche Eigentümer ist gestorben, und nun teilen sich acht Erben den ganzen Block mit 16 Wohnungen.« »Will man Sie hinauswerfen?« fragen wir, und: »Was gedenken Sie zu tun?« »Wir gehen einfach nicht«, antwortet sie, »wohin sollten wir denn? Wir arbeiten hier. Alles ist hier, was zu unserem Leben gehört.« Wir möchten noch wissen, ob das Haus nicht renoviert werden müsse. »Gewiß«, sagt sie, »wer das Haus kauft, wird viel ausgeben müssen. Aber wir ziehen nicht aus, *basta*. Unsere Arbeit ist hier. Die Wohnung brauchen wir hier, nicht anderswo!«

Das Verhalten der Bevölkerung gegenüber der Sanierungsspekulation hat sich seit den 50er Jahren wesentlich verändert. »Man kann nicht einfach passiv bleiben und dann möglicherweise protestieren, wenn die Verantwortlichen in der Gemeindeverwaltung nichts unternehmen«, sagt ein Mann, der auch die sozial-politische Bedeutung der neuen Sanierungsmethode erfaßt hat. »Demokratie heißt auch, an den Entscheidungen teilnehmen; der Bürger ist kein Untertan.«

Die Techniker, die die erforderlichen Messungen vollziehen, haben die anfängliche Skepsis der Bewohner überwunden. Es ist eine Vereinbarung getroffen worden zwischen der Gemeinde Rom, der Region, die die Sanierung finanziert, und dem sozialen Wohnungsbau, der die Arbeiten ausführt und auch die Zuteilung der sanierten Wohnungen übernimmt.

»Dieses Gebäude«, erklärt die Gemeindearchitektin, »ist ein typisches Beispiel für das, was sich – architektonisch gesehen – am Ende des vergangenen Jahrhunderts ereignet hat, als Rom 1870 zur Hauptstadt des Vereinten Italiens erklärt wurde. Die Bevölkerungszahl der Stadt stieg plötzlich und rapide; um die erforderlichen Wohnungen zu schaffen, wurde auch auf antike Gebäude aufgebaut, ohne Rücksicht auf den ursprünglichen Stil. Die Grundmauern dieses Baus stammen aus dem 17. Jahrhundert, der Überbau, die Hofeinteilung aus dem 19. Jahrhundert.«

Sämtliche Veränderungen, die dem Bau in der Vergangenheit zugefügt wurden, werden als Dokument der jeweiligen Zeit angesehen. Diese architektonischen Dokumente müssen weiterhin erkennbar bleiben, so daß der historische Ablauf ablesbar bleibt. Der ästhetische Eindruck soll nicht zu Lasten des wissenschaftlich-historischen Interesses gehen. Mit dem Außenbau soll hier auch im Innern das Grundsystem, die Aufteilung der Räume erhalten bleiben. Die für die typische römische Familie konzipierte Wohnstruktur mit Innenhof und Garten soll als Ort des Zusammenfindens reaktiviert werden.

»Der bisherigen Spekulation, der kapitalistischen Verschwendung eines gemeinsamen Vermögens«, so spricht der junge Mann von der Stadtverwaltung, »soll nun der Versuch entgegengestellt werden, durch öffentliche Verwaltung und Kontrolle den Lebensraum und die Arbeitsstätte unbegüterter

Schichten inmitten des alten Stadtkerns zu garantieren.« Der Versuch der »roten« Stadtverwaltung, die ästhetische Programmatik mit der politisch-sozialen zu vereinbaren, ist nicht zu übersehen – und auch nicht ganz frei von demagogischen Klängen.

Doch die Stunde des Zerfalls hat geschlagen im *centro storico*. Kann es noch gerettet werden? Tor di Nona ist nur ein Start, ein Brückenkopf, wie man hier sagt. Die Sanierung des ganzen Stadtkerns ist für die schwer verschuldete Stadtgemeinde nur machbar, wenn sie auch die privaten Eigentümer am großen Sanierungsprojekt beteiligt, unter technischer Aufsicht und mit finanzieller Unterstützung der Gemeindeorgane. Es hieße, ein Kulturgut zu retten, das nicht nur den Römern gehört, sondern der ganzen Welt.

1978

Das andere Rom

ITALO INSOLERA, PROFESSOR für Städtebau und Autor u. a. von *Roma moderna**, erklärte 1979 in einem Interview: »... seit einigen Jahren haben wir erkannt, daß Rom der Struktur nach eine Stadt der Dritten Welt ist. Um die historische oder moderne Stadt des europäischen Typus, mit etwa zwei Millionen Einwohnern, hat sich ein Gürtel von Barakken, Hütten und Wohnkasernen gebildet, der an südamerikanische oder afrikanische *Bidonvilles* erinnert oder an die Peripherie asiatischer Städte. Das ist ein Strukturmangel und kein Provisorium.

Die Entstehung dieser Art von Siedlungen hat in großstädtischen Ballungsräumen und in Rom die gleichen Gründe: die rasche Auflösung einer dichtbevölkerten, jahrtausendealten Landwirtschaft und die Konzentration der Industrie im Norden. Die zuströmende, entwurzelte Landbevölkerung hofft, im Labyrinth der Verwaltung einen Platz zu finden oder im riesigen Chaos der Dienstleistungen, das sich um die Bürokratie herum gebildet hat...«

Insoleras strenges Urteil versteht man besser, wenn man sich ins »andere Rom« begibt. Im Unterschied zum Rom der Antike, des Papstes und des Barock, kennen auch viele Italiener dieses »andere Rom« nur vom Hörensagen; das »andere Rom« ist die Peripherie der Stadt. Diese Peripherie ist weder architektonisch noch sozial ein homogen strukturierter Gürtel. Hier stehen Reste alter Barackenviertel, Siedlungen des sozialen Wohnungsbaus, die *borgate Mussolini*: stadtferne, unfreundliche, graue Wohnviertel, die aus einer Ansammlung von billigen, eng aneinandergrenzenden Häusern be-

---

* Verlag Einaudi, 1962

stehen, Zementkasernen der Bauspekulanten, die ein form- und planloses, wildes Durcheinander von Häuseransammlungen ergeben. Grünflächen sind in der Peripherie Roms selten. Keine andere Stadt hat so wenige öffentliche Grünflächen wie Rom.

Im Jahre 1976 erfolgte der überraschende Vormarsch der Linken. Die Kommunistische Partei wurde die stärkste Partei in der italienischen Hauptstadt. Erstmals hieß ein kommunistischer Bürgermeister, der Kunsthistoriker Giulio Carlo Argan, den Papst, damals Paul VI., in »seiner« Stadt willkommen; es war ein historisches Ereignis, von dem die Welt sprach.

Giulio Carlo Argan erklärte, daß die neue Stadtregierung die Identitätskrise der italienischen Hauptstadt lösen wolle. Damit bezog er sich auf den bestehenden Bruch zwischen dem internationalen Mythos, der Rom anhaftet, und den wirklichen Lebensbedingungen seiner Einwohner.

Damals lebten 700.000 Menschen in der Peripherie, zum Teil in Behausungen ohne Wasser, Strom oder Kanalisation; zudem gab es 50.000 Barackenbewohner. Im Zuge einer großangelegten Sanierungsaktion hat die linke Stadtregierung die Baracken weitgehend beseitigt, 1000 Milliarden Lire für die dringendsten Arbeiten bereitgestellt und die Dezentralisierung vorangetrieben. Aber die Übel Roms sind bei weitem noch nicht behoben; ihre Wurzeln liegen tief.

In den ersten 15 Jahren nach dem Krieg sind fast eine Million Menschen nach Rom gezogen; die Bevölkerung der Stadt hat sich in diesen Jahren fast verdoppelt. Die Menschen kamen überwiegend aus dem Süden; eine arme Landbevölkerung, die in die Stadt zog, weil sie sich von der rückständigen Landwirtschaft nicht mehr ernähren konnte.

Sie alle hatten *fame di case*, sie alle benötigten ein Dach über dem Kopf oder, wie die Römer sagen, sie hatten »Wohnungshunger«. Die Stadt investierte Milliarden – doch

Korruption, Vetternwirtschaft, Bauspekulation und die willkürliche Verteilung der öffentlichen Gelder führten dazu, daß nur ein Bruchteil der Summen auch tatsächlich für den sozialen Wohnungsbau verwendet wurde.

Doch die Zugewanderten brauchten Wohnungen; sie konnten nicht warten. So bauten sie sich selber irgendwo, irgendwie eine Hütte, eine Baracke – ohne jegliche Baugenehmigung natürlich. Die als provisorisch gedachten, niedrigen und engen Bauten dienten schließlich über Jahrzehnte als »Wohnungen«. Es entstanden ganze Barackensiedlungen, die *borghetti*. Und trotz der Sanierungsaktionen der Linksregierung gibt es auch weiterhin *baraccati*, Barackenbewohner. Die meisten von ihnen wollen aus ihren *borghetti* nicht ausziehen, andere wiederum warten auf die Sozialwohnung, die ihnen bereits zugeteilt worden ist.

Im Acquedotto Felice, 20 Kilometer südlich von Rom, unter den Bögen der alten Wasserleitung, die Papst Sixtus V. im 16. Jahrhundert einweihte, ist in den 50er Jahren auf völlig illegale Weise ein *borghetto* entstanden. Dort haben wir Anita aufgesucht, die seit 13 Jahren hier wohnt; sie kam, wie ihr späterer Mann Gennaro, aus Neapel, war mit ihren Eltern in *cerca di fortuna*, auf der Glückssuche, nach Rom gezogen, angezogen nicht von der Industrie, sondern von der großen Verwaltungsstadt, in der sich wohl immer auf irgendeine Weise eine Gelegenheitsarbeit finden lassen müsse; als Parkwächter, als illegaler Taxifahrer, als Portier, Handlanger, Bote oder Schwarzarbeiter in einem der wild wuchernden Kleinbetriebe der *economia sommersa*, der Untergrundwirtschaft.

Anita und Gennaro, 30 und 32 Jahre alt, haben nun fünf Kinder. Der Jüngste ist acht Monate, der Älteste zehn Jahre alt. Die im *acquedotto* eingerichteten Räume haben weder Anita noch Gennaro gebaut, auch nicht Anitas Eltern. »Wir haben sie gekauft«, sagt uns Anita mit einer gewissen Genugtuung,

»von einem Kalabreser, der sich damit das Leben verdient. Auf irgendeinem Acker der Stadtperipherie baut er eine Hütte oder eine Baracke, irgend etwas mit einem Dach darüber, und verkauft es dann. Aber damals, vor 13 Jahren, war da kein fließendes Wasser und kein Strom; dafür haben wir dann gesorgt. Das Wasser haben wir von da oben, vom Acquedotto Felice abgezapft, und um Strom haben wir bei der Stadt ersucht. Aber die von der Stadtverwaltung antworten uns nicht, und sie liefern uns auch keinen Zähler. Jetzt sind sie im Unrecht; wir wollten ja zahlen.« Vorsichtig machen wir Anita darauf aufmerksam, daß die Stadtverwaltung kaum einen Zähler in eine illegale Behausung liefern kann. »Oh, das ist ihr Problem. Illegal oder legal, wir sind hier, wir brauchen Strom; und da sie uns den Strom nicht liefern, holen wir ihn uns eben selber.«

Gennaro ist offiziell als »arbeitslos« eingetragen; aber er arbeitet. Er »handelt mit Metall«, sagt er. Gennaro kauft *pezzi di motori vecchi*, alte Motorenteile, zu 70 Lire das Kilo. Aus diesen alten Stücken holt Gennaro »mit einem besonderen Hitzeverfahren«, wie er es nennt, die Kupferdrähte oder Kupferteile heraus. »Denn Kupfer verkauft sich zu 1600 Lire das Kilo.« Das »Hitzeverfahren« Gennaros besteht darin, auf einem Grill, der aus einem alten, eisernen Bettgestell besteht, die eisernen Motorenstücke heiß werden zu lassen. »Dann werden sie weicher, und die Kupferteile lassen sich leichter herausziehen.«

Als Arbeitsloser mit Frau und fünf Kindern hat Gennaro Anrecht auf Arbeitslosenunterstützung: knapp 100.000 Lire im Monat. »Hole ich nicht einmal ab«, erklärt uns stolz Anita. Um die Unterstützung abzuheben, muß man das *libretto di famiglia* vorweisen. »Ich mag mich aber nicht erniedrigen vor diesen Beamten; es lohnt sich nicht für 100.000 Lire.« Vermutlich sind Anita und Gennaro nicht gesetzlich verheiratet.

Ob die Familie Aussicht hat, eine Sozialwohnung zugeteilt zu bekommen, möchten wir wissen. Anita will keine: »Das

Ambiente liegt mir nicht. Ich wurde frei geboren und will frei leben. In diesen Zementblöcken ist keine Freiheit und auch kein Kontakt zu den Menschen; man wird *duri di carattere*, hart im Charakter, und gleichgültig dem Nächsten gegenüber. Ich habe es ja versucht vor einigen Jahren. Vier Monate lang lebten wir in einer gemieteten Sozialwohnung bei Ostia; wir haben es nicht länger ausgehalten. Damals arbeitete Gennaro als *pizzaiolo*, Pizzabäcker, in Ostia. In einer modernen Sozialwohnung herrscht *solitudine*, Einsamkeit. Hier ist Leben.«

Leben? Wir schauen uns um. Bitterste Armut präsentiert sich unseren Augen. Zwei dunkle Räume, die Wände abgebrökkelt; ein enger Vorraum im Freien, eine Art Kochnische, ein winziger Raum, den Anita kühn als *gabinetto*, WC, bezeichnet. Im Vorhof, zwischen Eisschrank und dem zugeklappten Bett steht auf einer Kiste ein Fernsehgerät. »Wenn es heiß ist, dann schläft mein Mann gerne draußen oder sieht fern.« In dem einen Raum: ein Ehebett, davor ein Riesenschrank, rechts davon ein Fenster, einen Meter hoch, 50 Zentimeter breit. In dem anderen Raum, den Anita als »Wohnraum« bezeichnet: ein Tisch, ein zugeklapptes Bett, einige Stühle, ein Schrank – darauf das zweite Fernsehgerät – und hinter den Schiebefenstern des Schranks: 24 rot eingebundene Bände. Anita kommt unserer Frage zuvor: »*è una enciclopedia*; nein, nicht nur für die Kinder, auch für uns. Ich bin nur zwei Jahre in die Schule gegangen. Wenn ich nicht hin und wieder lese, so verlerne ich das ABC wieder. Das will ich nicht.«

Trotz der zwei Fernsehgeräte sieht die Familie nicht viel fern, sagt Anita. »Zwei Geräte haben wir, damit die Kinder uns in Ruhe lassen«.

»Und die Tagesschau, sehen Sie die?« – »Nein, nie. Wir sind allergisch auf den *telegiornale*. Die Leute sprechen eine Sprache, die für uns unverständlich ist. Ich glaube, das machen sie absichtlich, um uns zu verwirren. Aber wir lassen uns nicht verwirren und schalten aus.«

Zur Wahl jedoch gehen Anita und Gennaro regelmäßig. Anita hat auch klare Ansichten darüber: »Ich stimme nicht für eine Partei, die korrumpiert und korrupt ist – Sie wissen schon, wen ich damit meine...« Und Gennaro, für wen stimmt er? »Mein Mann stimmt für die Neofaschisten«, erklärt prompt Anita, »der denkt da ganz anders als ich«.

Die Kinder gehen alle zur Schule hier in der Nähe. Sozialfürsorgerinnen, Nonnen und Priester kommen die Familien in den *borghetti* oft besuchen. »Sie wollen alle wissen, ob wir etwas brauchen; aber wir brauchen nichts und wollen auch deren Hilfe nicht. Durch die Sozialfürsorgerinnen hat uns die Stadtverwaltung sagen lassen, daß wir bald eine Sozialwohnung zugeteilt bekommen.« Mit der ausgestreckten Hand zeigt Anita auf die hohen Mietskasernen, die unter den Bögen des *acquedotto* sichtbar sind und die die Bauspekulanten dicht aneinandergereiht haben: grau, hoch, kahl, gefängnisähnlich; sie haben etwas Bedrohliches an sich, diese Zementblöcke, die in den blauen Himmel Roms ragen. »Ich da hinein?« meint Anita zu uns gewandt. »Niemals, das ist doch ein Ghetto. Ich will Luft, Freiheit, meinen *basilico* und Rosmarin im Garten...«

Auch in Valle Aurelia, nord-westlich von Rom, stand bis vor kurzem eine spontan entstandene Siedlung, in der 300 Familien lebten. Im Sanierungsplan der Stadt war die Zerstörung dieser Siedlung vorgesehen. Den Bewohnern wurden Sozialwohnungen in einem der fünf Mietblöcke zugeteilt, die nur einige hundert Meter von der alten Siedlung entfernt errichtet worden waren.

Doch von diesen 300 Familien waren 95 Besitzer des Bodens, auf dem sie, vorwiegend illegal, ihre meist zweistöckigen Ziegelsteinbaracken gebaut hatten. Die Stadtverwaltung hatte den Grund enteignet, um zu verhindern, daß neue gesetzeswidrige Bauten darauf errichtet würden.

Vor zwei Jahren erschienen in Valle Aurelia dann die Beamten der Stadt, um den Bewohnern die Sozialwohnungen zuzuteilen. Erstaunlicherweise stehen aber einige der niedrigen, illegal gebauten Häuser heute noch. Wir versuchen zu erfahren, weshalb. Mario, ein 25jähriger Bäcker (er wohnt nicht hier, sondern bei den Schwiegereltern), erzählt uns, daß seine Großmutter, die noch immer in Valle Aurelia lebt, gerade im Krankenhaus lag, als die Zuweiser des Stadtbezirks in die Siedlung kamen: »Und so verpaßte meine Großmutter die Zuteilung; sie bekam keine Wohnung. Und als einige Monate später die Bagger erschienen, um die Siedlung niederzureißen, da weigerte sich meine Großmutter, das Haus zu verlassen. Sie schloß sich ein und erklärte, daß sie sich lieber unter dem Schutt ihres Hauses begraben lasse als wegzuziehen. Wohin hätte die *nonna* denn auch gehen sollen? Die Männer auf den Baggern berieten, was in einem solchen Falle zu tun sei, und zogen dann weiter. Der ihnen erteilte Auftrag hieß »Niederreißen«, den Männern auf den Baggern fehlte aber der Mut dazu – *per fortuna*!«

Von den 300 Familien von einst leben zwölf noch in Valle Aurelia; jede aus einem anderen Grund. Und da die Häuser hier nicht bis zu den Grundsteinen abgerissen wurden – um die Arbeit schneller voranzutreiben, ließ man die Mauern bis zum ersten Stockwerk stehen – kamen prompt neue *affamati di case*, Haushungrige, hinzu; sie bauten ein Dach auf die noch stehenden vier Wände und nisteten sich ein. 15 neue Familien haben sich so wieder hier »eingelebt«. Zusammen mit den zwölf »ursprünglichen« macht das 27 Familien: damit ist der Ansatz zu einem neuen illegalen *borghetto* gegeben.

1983

Im magischen Dreieck

Mimosen an der Piazza di Spagna

Am frühen Morgen, als ich die Haustür aufschloß, um meine tägliche Zeitung zu holen, lag auf dem Morgenblatt ein blühender Mimosenzweig – ein fröhlicher Gruß meines Zeitungsverkäufers.

Die in Rom weilenden ausländischen Touristen wunderten sich an diesem 8. März, als sie die Stadt vom Gelb der Mimosen beherrscht sahen. Viele Leute – Männer und Frauen – hielten einen kleinen Mimosenzweig in der Hand oder hatten die gelbe Frühlingsblume am Mantelkragen angebracht.

Der Bernini-Brunnen auf der Piazza di Spagna, der einen gestrandeten Kahn darstellt, war bereits in den frühen Morgenstunden bis zum Rand mit Mimosenbüschen gefüllt. Wer vom Corso her in die Via Condotti einbog, dem bot sich so ein herrlicher Anblick: der mit Blüten überfüllte Brunnen sah von weitem aus, als läge ein riesiger gelbleuchtender Strauß zu Füßen der barocken Spanischen Treppe. Es war ein Geschenk der Stadtregierung, die sich aus Kommunisten, Sozialisten, Republikanern und Sozialdemokraten zusammensetzt, an die römischen Frauen.

Viele Polizistinnen trugen unter der Achselkappe ihrer Uniform einen Mimosenzweig; beim Vorbeigehen riefen sich manche Frauen lachend *auguri* zu, das heißt »viel Glück«; und mancher Mann war darunter – das sollte erwähnt werden –, der sich den Glückwünschen an die Frauen anschloß. Im Parlament, dem eine Frau als Präsidentin vorsitzt, waren die Arbeitspulte der weiblichen Abgeordneten mit Mimosen geschmückt.

Überall trug die Stadt dieses Zeichen der *festa della donna*, des Festes der Frau, wie der 8. März in Italien genannt wird –

ein Fest, dem noch nicht der Stempel des Kommerziellen aufgesetzt wurde.

1984

Caffè Greco

Es gibt in Rom nicht mehr allzu viele Kaffeehäuser, die mit der Vergangenheit der Stadt oder mit internationaler Kulturgeschichte verbunden sind. Manche dieser Bars, die noch Ende des Zweiten Weltkrieges vorhanden waren, sind im Zuge des Wirtschaftsbooms umgebaut worden. So zum Beispiel das ehemalige Caffè Aragno am Corso, einst Treffpunkt von Politikern und Journalisten.

Das berühmteste und älteste der alten Kaffeehäuser Roms, das Antico Caffè Greco an der Via Condotti, konnte einem ähnlichen Schicksal dank einer Verfügung des Kulturministeriums entgehen: Es stellte das Kaffeehaus 1953 unter Denkmalschutz.

Der Name des Caffè Greco geht auf einen Griechen namens Nicola della Maddalena zurück, wie die mit 1760 datierte Steuerurkunde bescheinigt. Das *caffè* gab es aber schon vor 1760. In der Literatur stoßen wir erstmals auf seinen Namen in den Memoiren von Casanova. Der berichtet, daß er 1742 zusammen mit römischen Freunden das *caffè di strada condotta*, wie damals die Via Condotti hieß, besucht habe.

Da im 18. und 19. Jahrhundert im Stadtviertel um die Piazza di Spagna, wo auch die Via Condotti liegt, die renommiertesten Gaststätten ihren Platz hatten, war das Kaffeehaus des Griechen besonders in Ausländerkreisen bekannt. 1799 waren Goethe und Tischbein mehrmals zu Gast.

Die Blütezeit dieses römischen Kaffeehauses war das 19. Jahrhundert, als sich die bedeutendsten Künstler und Intellektuellen aus aller Welt um die heute noch vorhandenen runden

Marmortische versammelten: Keats, Shelley, Corot, Baudelaire, Ingres, Stendhal, Liszt, Wagner, Thorvaldsen, Gogol, Leopardi, Byron und viele andere mehr. Ihren Kaffee tranken sie mit Vorliebe in diesem »Omnibus«, wie der längliche schmale Raum seiner Form wegen heute noch genannt wird. Ab und zu belebten auch heftige Diskussionen das Greco: Eine amüsante Anekdote berichtet, daß die Nazarener, jene junge deutsche Künstlergruppe, die 1810 nach Rom übergesiedelt war, Schopenhauer kurzerhand aus dem *caffè* hinauswarf, weil der Philosoph heftig und lautstark über die Deutschen geschimpft hatte.

Zu Beginn des 19. Jahrhunderts wurden alle Kaffeehäuser von einer schweren Krise erfaßt. Als Folge der 1806 von Napoleon verhängten Kontinentalsperre stieg der Kaffeepreis in ganz Europa erheblich. In Rom war es das Caffè Greco, das als erstes auf die Idee kam, kleinere Tassen einzuführen, und das somit weniger Kaffee brauchte, um die Tassen zu füllen. Das war »das Ei des Kolumbus«. Das Caffè Greco konnte die Krise überleben.

Um 1860 erhielt es sein heutiges Aussehen. Gemälde, Zeichnungen, Manuskripte und vergilbte Fotos an den Wänden zeugen von seiner künstlerischen Vergangenheit.

Bis unmittelbar nach Kriegsende waren es vorwiegend Künstler, die das Greco, wie man das Kaffeehaus in Rom kurz nennt, bevorzugten. Allmählich zog es dann auch Filmschauspieler, Regisseure, gekrönte Häupter und Staatsmänner aus aller Welt an. Heute drängen sich Touristen an der Kasse, wo sie als Souvenir die dem Kaffeehaus eigenen Tassen, Porzellanleuchter und Wassergläser mit der gotischen Inschrift Caffè Greco erwerben können. Viele von ihnen wissen aber nichts mehr von der glorreichen Zeit dieses Treffpunkts.

Im Greco läßt sich, anders als in den gewöhnlichen Bars oder *caffès*, der Espresso auch im Sitzen, an runden und ovalen Marmortischchen und auf roten Plüschsesselchen einnehmen, in einem der drei mit Gemälden, Skizzen und Skulpturen aus dem letzten Jahrhundert geschmückten Sälen, deren Äußeres unberührt geblieben ist – seit über hundert Jahren. Dies trägt wesentlich zum Charme des Greco bei. Mitten im Trubel der bewegten Welt ist eine Insel erhalten geblieben, die den gehetzten Menschen die Illusion der Ruhe vergangener Zeiten gibt.

1983

Das römische Einkaufsquartier

Das römische Einkaufsquartier hat den meisten berühmten Geschäftsstraßen anderer Hauptstädte eines voraus: der Luxus ist sozusagen in Geschichte eingepackt, denn das römische *shopping-center* liegt in einem historischen Viertel. Weder Bond Street noch Fifth Avenue, noch Faubourg-St. Honoré bieten, was das elegante römische Einkaufsquartier auch für jene sehenswert macht, die nichts kaufen wollen oder können, nämlich die vom prächtigen Barock geprägte Szene.

Fare lo shopping sagen nun auch die Römer. Sie meinen damit »einen Einkaufsbummel machen«, und zwar – teils aus Tradition, teils aus Snobismus – nach wie vor dort, wo auch ihre Mütter und Großmütter hinsteuerten: im klassischen Einkaufsdreieck zwischen der Piazza del Popolo, dem Corso und der Piazza di Spagna.

Die Zahl der Straßen innerhalb dieses Dreiecks, welche die ihr eigenen Merkmale, die Werkstätten, verlieren und sich zu reinen »Boutiques-Straßen« verwandeln, nimmt jährlich zu. Sie profitieren vom konsumorientierten Glanz und vom internationalen Ruf der Via Condotti, die in der römischen Topographie nach wie vor Macht und Schönheit wie keine andere Geschäftsstraße der Hauptstadt symbolisiert.

Diese berühmteste Einkaufsstraße Roms ist nicht einmal einen halben Kilometer lang. Sie verbindet die Piazza di Spagna, am Fuße der doppelläufigen Spanischen Treppe, mit dem Corso. Auf dieser kurzen Strecke ist alles zu finden, was italienische Eleganz ausmacht. Soziologen und Psychologen haben sonderbare Definitionen geprägt, um die Anziehungskraft zu erklären, die diese Straße auf Italiener und Ausländer ausübt: »Jahrmarkt der Eitelkeit«, haben sie sie genannt, »Triumph des Konsumismus« oder »Apotheose des gratifizierenden Überflusses«. Vielleicht haben diese Experten das nächstliegende vergessen: die Straße ist wunderschön; der Blick von Largo Goldoni in Richtung Spanischer Treppe, mit den weithin das römische Stadtbild beherrschenden Türmen der Kirche Trinità dei Monti, die Palazzi, die beide Straßenseiten säumen, die Menschen, die da gewohnt oder gelebt haben, die Werke, zu denen diese Umgebung Künstler aus aller Welt inspiriert hat – das alles trägt zum Zauber des römischen Einkaufsviertels bei.

Der Name Condotti hat übrigens nichts mit *condottiere* zu tun, sondern mit den *condotte*, den Wasserleitungen, die Papst Paul III. unter der heutigen Via dei Condotti legen ließ, im Rahmen der von ihm im 16. Jahrhundert angeordneten neuen Stadtplanung. Die Straße erhielt daraufhin den Namen »Via Condotta« (bis dahin hatte sie »Strada della Trinità« geheißen) und war keineswegs eine elegante, sondern eine lärmende, einfache Handelsstraße. Ende des 18. Jahrhunderts wurde der Name der Straße offiziell in »Via dei Condotti« umgewandelt; in der Umgangssprache nennt sie heute jedermann kurz Via Condotti.

Es gehört zur Tradition der *Roma bene*, wie man hier die »Crème« der Gesellschaft nennt, in der Via Condotti einzukaufen oder zumindest genau zu wissen, was dort angeboten wird; obwohl heute zur Via Condotti mehrere Konkurrenzstraßen entstanden sind: Via Borgognona – so genannt, weil sich im 16. Jahrhundert eine französische Kolonie aus Burgund hier ansiedelte –, Via delle Carrozze – der Name geht auf die Kutschen, *carrozze*, zurück, die hier standen und von Fremden für einen längeren Aufenthalt in der Hauptstadt gemietet wurden –, Via Bocca di Leone, Via Belsiana, Via della Vite, Via Frattina und Via della Croce – dort befinden sich die renommiertesten Delikatessengeschäfte Roms. Es sind enge, parallel zur Condotti verlaufende oder diese kreuzende Straßen, in denen noch vor 15 Jahren Handwerker, Lebensmittel- und Gemüsehändler ihre Läden hatten, die aber dem kommerziellen Wandel weichen mußten. An Stelle der alten Läden und Werkstätten – zum Glück sind einige davon noch erhalten – sind Mode-Boutiquen z. T. internationalen Rufs eröffnet worden, wie Givenchy, Yves St. Laurent, Céline.

Der populäre Charakter, den die Via Condotti im 16. Jahrhundert noch hatte, war bereits verschwunden, als sie im 18. und 19. Jahrhundert zur Straße der ausländischen Aristokratie und der Intellektuellen wurde. Die Wirte der alten Gaststätten verlagerten ihre *locande* in die Nebenstraßen. Die kleinen, meist von Ausländern bevorzugten Gasthöfe verwandelten sich in Bordelle: die Via Mario dei Fiori z.B. war vom vergangenen Jahrhundert bis zur gesetzlichen Abschaffung dieser Institution – das heißt bis in die 50er Jahre – als Paradies der Freudenhäuser bekannt. Nach der Schließung der Bordelle (*lex Merlin*)* wurden die Räumlichkeiten wieder in kleine Hotels und Pensionen umgewandelt und kehrten somit zu ihrem Ursprung zurück.

Seitdem die Via Condotti vor zehn Jahren für den Verkehr gesperrt wurde – übrigens unter heftigem Protest der

---

* Siehe: Franca Magnani, *Mein Italien*, Köln 1997, S. 38ff.

Geschäftsinhaber, die ganz zu Unrecht einen Rückgang ihrer Einnahmen befürchteten –, hat sie jenen schwer definierbaren Zug des Unnahbaren, des Ehrfurchteinflößenden verloren, der sie noch in den 50er Jahren charakterisierte. Das ist auf die Menschen zurückzuführen, die heute, unbelästigt vom Autoverkehr, auf und ab flanieren, um die Reichen der Welt, die hier einkaufen, wenigstens einmal von Angesicht zu Angesicht wahrzunehmen.

Einkaufen in Rom heißt auch, geschichtliche Kenntnisse aufzufrischen: Ein Zentrum römischer Mode – vom Massentourismus noch verschont – liegt oberhalb der Spanischen Treppe, an der Via Sistina und der Via Gregoriana, zwei der renommiertesten Straßen Roms, die mit den Namen zweier großer »Stadtplaner-Päpste« verbunden sind, Sixtus VI. und Gregorius XIII. Die Via Gregoriana ist zehn Jahre vor der Via Sistina entstanden, nämlich im heiligen Jahr 1575. Jubiläumsjahre wurden stets zum Anlaß genommen, um große qualitative Fortschritte in der Stadtplanung zu vollziehen.

Bevor die heutigen Modeschöpfer in diese Straßen einzogen, hatten Künstler hier ihre Ateliers oder ihren Wohnsitz. Man sollte daher beide Straßen auch mit dem Blick nach oben durchstreifen. Gedenktafeln erinnern daran, daß zwischen dem 17. und dem 18. Jahrhundert Künstler und Intellektuelle – Poussin, Lamartine, Winckelmann, Ingres, Gogol, Thorwaldsen und viele andere mehr – hier gewohnt haben.

Heute befinden sich in der Via Gregoriana vorwiegend die Ateliers der berühmten Modeschöpfer, in der Via Sistina teilweise auch deren Läden: Raniero Gattinoni z. B. (Nr. 44) und Renato Balestra (Nr. 67) sind zwei typische römische Modeschöpfer. Gattinoni, ein Meister des *prêt à porter* der *alta moda*: chic, stilvoll und tragbar. Das Kleid, das Gattinonis Ruf in die Welt getragen hat, ist aus schwarzem Samt. Anita Ekberg trug es, als sie für Fellinis *Dolce vita* in den

Trevi-Brunnen stieg. Renato Balestra ist durch die Kostbarkeit seiner Cocktail- und Abendkleidermodelle berühmt geworden: prächtig und raffiniert, mit vielen Handstickereien – Perlen, Pailletten, Korallen –, die an ein Feuerwerk erinnern und Balestra internationale Kundschaft zugeführt haben.

1991

Die Mode und ich

»Um zu gefallen, muß man zunächst auffallen, *fare bella figura*«, ist ein Rat, den viele italienische Mütter vor gar nicht langer Zeit ihren Töchtern im heiratsfähigen Alter erteilten und weitgehend heute noch erteilen. Dabei haben »Auffallen« und *bella figura* in diesem Zusammenhang sehr viel mit Mode zu tun.

Die Meinung ist hier weitverbreitet, daß »Sich-schlecht-Anziehen« der größte Luxus sei, den ein Mensch sich leisten dürfte. Gemeint ist, daß nur wenige Privilegierte es sich leisten können, unansehnlich herumzulaufen und dabei dennoch Erfolg haben.

Die römische Realität gibt ihnen zum großen Teil recht. Auf dieser Theorie beruht auch die Bedeutung, die in diesem Lande der Schönheit allgemein zugeschrieben wird: sie ist fast der Tugend gleichgesetzt.

Mode ist eine ernste Angelegenheit. Nicht nur, weil sie – gleich einem historischen Dokument – den Geschmack und die Sitten einer Zeit mitbestimmt, sondern auch, weil sie uns Menschen ganz erfaßt, nicht nur unsere Kleidung. Kleidung ist allerdings ihr sichtbarster Ausdruck. Mode steht halbwegs in einem Schnittpunkt zwischen Kunst, Handwerk und Industrie. Der Mode-Stilist wird zu einem Vermittler zwischen der eigenen Kreativität und den Bedürfnissen der Realität. In diesem Sinn waren bereits Adam und Eva erste Modeschöpfer. Doch ohne so weit zurückzugreifen: Mode kommt von weit her und hatte schon in der Antike und im Mittelalter ihre Bedeutung als strenger Faktor der gesellschaftlichen Rangordnung. Die Wohlhabenderen folgten ihr damals wie heute, wetteiferten zudem noch unter sich um den *dernier cri*, während den unteren Schichten nur die Folklore vorbehalten war, also das, was wir heute mehr oder weniger genau als »Trachten« definieren. Mode war schon immer ein Ausdruck von Macht.

Heute ist die Mode darüber hinaus ein umwälzender Faktor für die Wirtschaft dieses Landes, insbesondere auch für seine Handelsbilanz. Manche mögen sich darüber streiten, ob es Revolutionen sind, die neue Moden einführen, oder ob nicht vielmehr umgekehrt die neuen Moden das Herannahen revolutionärer Neuerungen wittern und ankündigen! Die Mode besitzt ein seismographisches Gefühl für die Zeit, wie es in dem Maße auf anderen Gebieten nur schwer zu finden ist. Ohne daß wir es merken, beeinflußt sie unser Verhalten in der Gesellschaft. Sie leitet oft große Ereignisse ein: die Blue Jeans eroberten den Markt vor der 68er-Revolte, und als die große Umwälzung dann einbrach, wurden die Jeans sogar zum weltweiten Symbol für den neuen Geist. Jene, die als erste Blue Jeans trugen, verband ein neues körperliches Befinden und Benehmen. Es entstand ein *look*, ein »Massenlook« wie vielleicht nie zuvor. Darüber hinaus erwiesen sich die Blue Jeans auch als das, was Mode ist: als ein Kommunikationsmittel über Länder und Kontinente hinaus.

Wie glänzten doch die Augen unserer Mütter, als sie uns von der Mode-Revolution erzählten, die in den 20er Jahren Coco Chanel bewirkte – die legendär gewordene *Mademoiselle* aus Paris – mit der Einführung knielanger Röcke, langer Hosen und Chemisier-Blusen! Der kurze Haarschnitt gehörte dazu, und Millionen von Frauen opferten daraufhin ihre Zöpfe auf dem Altar des Bubi- oder Pagenkopfes. Eine neue Ära brach für die Frauen an, der neue Schein beeinflußte ihr Sein: Verhalten, Lebensweise und Selbstbewußtsein begannen sich zu verändern. Die Männer ahnten es wohl, denn mit überwiegender Mehrheit lehnten sie die »verrückten Ideen« der kühnen Französin ab, die in der Tat für die (äußere) Befreiung der Frau Entscheidenderes getan hat als mancher Ideologe.

Mode erfaßt, gestaltet, formt den ganzen menschlichen Körper: sie ist tonangebend für Haltung, Gang, Bewegungen und Ausdruck. Sie ist nicht nur Visitenkarte, denn die Mode, die wir wählen, sagt über uns mehr aus als Name, Beruf und Adresse. Sie erzählt von uns, verrät uns und spricht gar Dinge aus, die wir eigentlich wie Geheimnisse hüten wollen.
Heute fassen wir Frauen und Männer Mode allerdings elastischer auf als noch vor 50 Jahren. Ich jedenfalls bin nicht mehr bereit, blindlings einem Mode-Diktat zu gehorchen. Dennoch – die alljährliche »letzte Mode«, das Originelle, Neue, stets Überraschende an Farbe und Form, beglückt, erheitert und verjüngt mich, innerlich und äußerlich. Aber ich passe die Mode – welche auch immer – meiner Wesensart und meinem Temperament an, einmal, um es zu zügeln, einmal, um es zu unterstreichen. Ich bediene mich der Mode, mache sie zu meiner Komplizin, vergesse jedoch dabei nicht, daß wahre Eleganz durch all das unterstrichen wird, was sie zu entbehren vermag. All jenen aber, die immer wieder schadenfroh erklären, »Die Mode ist tot«, rufe ich freudig entgegen: »Es lebe die Mode«.

1992

Schaufensterbummel

Welcher Blick übertrifft
an Strenge den kritischen Blick,
den eine Frau sich selber zuwirft,
wenn sie sich im Spiegel betrachtet?
– Göttlich – Divino!
Noch schöner auf der Kehrseite, signora!

An der Nummer 9 der Via Condotti, links von der Piazza di Spagna kommend, finden wir *Gucci*, das weltbekannte Lederwarengeschäft. Gucci verdankt seinen Ruhm der Verbindung von Qualität, tadelloser Verarbeitung und Design seiner Produkte. Die Römer erwähnen mit Stolz, daß Gucci-Artikel im *Costume Institute of the Metropolitan Museum of Art* ausgestellt sind. Seit einigen Jahren ist in der Parallelstraße Via Borgognona eine Gucci-Boutique eröffnet worden. Gucci junior leitet sie, angeblich nach einem Zwist mit Gucci senior. Die gut informierten Römer flüstern, daß die Entstehung der Gucci-Boutique das Ergebnis eines »geschäftlichen Vaterkomplexes« sei. Der kleine Gucci-Laden in der Via Borgognona erweckt den Eindruck, dieselben Artikel billiger zu verkaufen, was einerseits zutrifft und andererseits doch nicht. Denn sind die Gucci-Taschen in der Via Borgognona z. B. billiger, trotz derselben Qualität und Ausführung, so nur deshalb, weil sie kleiner und einfacher in der Machart sind.

Die *jeunesse dorée* von Rom gehört zu den Fans der Gucci-Boutique, während die alten Stammkunden Gucci senior treu geblieben sind. Vor dem einen wie vor dem anderen steht man Schlange; es sind zur Zeit überwiegend Japaner. Der freundliche Portier bei Gucci in der Via Condotti, mit der tadellos sitzenden, goldumrandeten Uniform, läßt immer nur eine kleine Anzahl von Käufern herein, offiziell, weil so der Kunde besser bedient werden könne, in Wahrheit aber, um Diebstähle zu verhindern. Koffer, Handtaschen, Schuhe, Aktenmappen, Pantoffeln, Gürtel – alles was aus Leder machbar ist, stellt Gucci her, außerdem Seidentücher, die sich wie Gemälde ausnehmen; auch Herrenanzüge und Damenkostüme, von denen viele aus so weichem, geschmeidigem Sämischleder sind, daß sie sich anfühlen wie Seide.

Das Monogramm »G«, die Erkennungsmarke auf jedem Gucciartikel, schmeichelt jenen, die ein Status-Symbol suchen. Tief enttäuscht entdecken sie dann, daß nur 200 Meter entfernt, in der Nähe der Piazza San Silvestro, fliegende Schwarzhändler Imitationen anbieten, die sich von den echten Artikeln kaum unterscheiden, es sei denn im Preis.

Nur eine Hausnummer weiter stellt *Bulgari* – der italienische *Cartier* sozusagen – seine Juwelen aus. Ständige Polizeiüberwachung, kugelsichere Schaufenster, elektronische Türöffner und die modernsten Sicherheitsmaßnahmen sollen Einbrecher entmutigen. Was all die Vorkehrungen aber nicht verhindern konnten war, daß der Eigentümer selber, nämlich Gianni Bulgari, vor vier Jahren erpresserisch entführt worden ist.

Kein Mächtiger dieser Erde verläßt Rom, ohne dieser »Kathedrale des Schmucks« einen Besuch abgestattet zu haben. Von Königin Elizabeth von England bis zu Jovanka Broz Tito, vom Schah von Persien bis zum Negus, sie alle haben die Hallen von Bulgari mindestens einmal betreten.

Gegenüber Bulgari verführt das *Antico Caffè Greco* zu einem *Espresso* oder einem *Paradiso*, ein sehr empfehlenswertes, aus frischem Orangen-, Zitronen- und Grapefruitsaft zusammengesetztes Getränk, das mit oder ohne Beigabe von französischem Champagner zu genießen ist.

Seitdem so viele Touristen im Caffè Greco einkehren, haben sich viele römische Kunden naserümpfend ins *Baretto**

---

* Das Baretto existiert heute nicht mehr.

zurückgezogen, an der Via Condotti 65. Der Eingang zu dieser Bar ist, wie so manches Exklusive, unauffällig. Hinter der »kleinen Bar« versteckt sich keineswegs etwa Bescheidenheit, im Gegenteil. Das Baretto ist die chique Bar der versnobten Römer und ihrer gleichgesinnten ausländischen Freunde. Es besteht aus einem einzigen winzigen Raum, in dem es recht dunkel ist, weil die Wände mit Mahagoni getäfelt sind; die Bar ist übrigens nicht sehr alt, sie ist Ende der 20er Jahre eröffnet worden; der Inhaber beabsichtigte, eine englische Atmosphäre zu schaffen, was ihm auch durchaus gelungen ist. Hier sind die phantasiereichsten Drinks mit hervorragenden Mini-Sandwiches zu haben – zu Maxi-Preisen allerdings. Im Preis inbegriffen ist wohl auch das Privileg, mit Vertretern der angesehenen in- und ausländischen Gesellschaft Ellbogen an Ellbogen stehen zu dürfen. Höhepunkt der Stimmung im Baretto ist, wenn Politiker, Journalisten und Diplomaten hier um 20 Uhr eintreffen, um ihren *aperitivo* zu trinken und gleichzeitig das Tagesgeschehen zu kommentieren.

Es ist anzunehmen, daß die meisten, die ihren *aperitivo* im Baretto einnehmen, auch Kunden von *Battistoni* sind, an der Via Condotti 61 A, nur wenige Schritte von der kleinen Bar entfernt: das luxuriöseste Herrenmodengeschäft Roms. Man erreicht seinen Eingang durch einen schattigen Hof des barocken Palazzo Caffarelli. Wer nichts von Battistoni weiß, der geht an der Nummer 61 A ahnungslos vorbei und verpaßt damit die Chance, die bestsitzenden Maßhemden zum Durchschnittspreis von 140.000 Lire – innerhalb von 14 Tagen nach Hause geliefert – zu tragen.

Gegenüber dem Baretto führt ein langer, enger Gang zu *Saddler's Union*, Via Condotti 26, ein den ausländischen Touristen kaum bekanntes Geschäft, das u. a. Handtaschen, Aktenmappen, Geldbeutel und Schuhe (die Maßstiefel von Saddler's Union halten ein Leben lang) aus reinem *cuoio di Russia*, Juchtenleder, herstellt – auf Wunsch nach Maß und innerhalb von ungefähr zwei Wochen. Verarbeitung und Färbung der Produkte sind perfekt; die Beratung der Kunden durch die Inhaber besonders empfehlenswert, speziell, wenn es um die Proportionen und um die interne Fächereinteilung von Reisetaschen, Aktenmappen und Beauty-Cases geht. Bei Saddler's Union erlebt man außerdem eine immer seltener werdende Freude: auf Anfrage wird ein Einblick in die ein Stockwerk höher liegende Werkstatt gewährt. Man kann dort die verschiedenen Arbeitsgänge verfolgen, umgeben von einem Ledergeruch, der euphorisch stimmt.

Ein wahrer Einkaufsbummel darf natürlich *Valentino più* nicht übergehen, an der Ecke Via Mario de' Fiori, Via Condotti. Im oberen Stockwerk bietet *Valentino più* alles, was ein gastfreundliches Herz höher schlagen läßt. Mit zarten Blumenmotiven bedruckte Tischdecken, das passende Geschirr und die ebenfalls passenden handbemalten Gläser; Leinentücher mit dazu sortiertem Frühstüks-Service samt dazu gehörendem Besteck natürlich; das alles mit Mimosen-, Veilchen- oder Kirschblütendessins phantasiereich verziert, zu Preisen, die ebenso phantastisch sind.

Der Erfinder des klassisch eleganten und zugleich bequemen Schuhs ist Salvatore Ferragamo; er ist es, der die Kunst des italienischen Schuhhandwerks weltberühmt gemacht hat. Salvatore wanderte als armer Schuhmachersohn Ende der 20er Jahre nach Amerika aus und wurde dort in kurzer Zeit zum unbestrittenen Schuhkönig Hollywoods. Vor über 20 Jahren starb er; seine Familie aber führt die Tradition fort – heute allerdings auf industrieller Basis, während für den alten Ferragamo nur handgenähte Schuhe in Frage kamen: »Schuhe müssen zur *gioia di vivere*, zur Lebensfreude, beitragen«, pflegte Salvatore zu sagen. Schlüpft man heute in einen Schuh von *Ferragamo* – im gleichnamigen Geschäft an der Via Condotti 66 – so spürt man gleich, daß Göring, Mussolini, Könige und Filmstars, die damaligen *habitués* von Ferragamo, sicher nicht nur der Eitelkeit wegen seine Kunden waren (ihre Schuhmaße sind übrigens noch heute im Hauptgeschäft von Ferragamo, im Palazzo Feroni-Spini in Florenz, aufbewahrt). Diese Schuhe, auch wenn sie nicht mehr handgenäht werden, sind leicht und weich wie Handschuhe und können einen vom Shopping Erschöpften zu neuem Leben erwecken. Der Durchschnittspreis für diesen Genuß beträgt DM 300,-.

Die alten römischen Familien, die nicht auffallen und sich elegant kleiden möchten, gehören seit über hundert Jahren zur Kundschaft von *Piattelli**, direkt gegenüber von Ferragamo. Es gibt mehrere Piattelli-Geschäfte in Rom; jedes hat einen eigenen Charakter, der der Gegend entspricht, in welcher es liegt. Dasjenige an der Via Condotti, Ecke Via Bocca di Leone, versteht den Piattelli-Style als klassisch englische Linie (für Damen wie für Herren) mit einem kaum angedeuteten *touch* italienischer Phantasie. Vier kleine Schaufenster gehen auf die Via Bocca di Leone hinaus. Über die Etymologie dieses Straßennamens streiten sich noch die Experten; vermutlich geht er zurück auf eine Löwenskulptur, die in der Nähe stand.

Man sollte den Blick in die Schaufenster mit einem Gang in den gegenüberliegenden prächtigen, mit Oleanderbäumen bewachsenen Hof des Palazzo Torlonia verbinden. Dieser wurde in der zweiten Hälfte des 17. Jahrhunderts gebaut und ging 1806 auf die Familie Bonaparte über, als der Bruder Napoleons, Luciano, ihn als Wohnsitz wählte. Auch Madame Mère hat eine Zeitlang hier gewohnt. Im Erdgeschoß des historischen Palazzo, der von vier Straßen, der Via Condotti, der Via Bocca di Leone, der Via Borgognona und der Via Mario de' Fiori umgeben ist, befinden sich auch Geschäfte einstiger Modegrößen wie Schubert; auch Céline hat hier seinen römischen Sitz.

---

* Dieses Piattelli existiert heute nicht mehr.

Genau gegenüber dem fürstlichen Eingang des Palazzo Torlonia ist *Valentino Donna*. Es gehört zur Aufgabe der Boutique Donna, die Ideen des großen Modeschöpfers Valentino zu *volgarizzare*, wie man auf Italienisch sagt, d. h. gemeinverständlich: tragbar zu machen. Valentinos Schöpfungen entstehen in seinem Atelier für *alta moda*, also für die *haute couture*, an der Via Gregoriana. Diese Straße ist keine Einkaufsstraße, vielmehr Geburtsstätte der *alta moda*. Die zur Gregoriana parallel verlaufende Via Sistina dagegen weist viele elegante Boutiquen auf. Der Glanz der *signorile*, des Vornehmen, den die Via Gregoriana bewahrt hat, färbt auch auf die Sistina ab.

Biegt man in die links von der Condotti liegende Via Borgognona ein, so lasse man sich vom bescheiden aussehenden Eingang zu *Missoni* (Nr. 38 B) nicht täuschen; die Preise sind schwindelerregend. Missoni ist unbestritten der König des Gestrickten. Ottavio Missoni, in Dalmatien geboren, und Rosita Missoni, eine Lombardin, sind die Erfinder des *put together*, wie die Amerikaner die Missoni-Mode nennen. Damit meinen sie die freie, bisher verpönte Zusammenstellung von Gestreiftem, Getupftem und Kariertem, alles bunt durcheinandergeworfen. Ottavio kreiert die Farben und die Muster, Rosita die Modelle. Nach bester italienischer Tradition sind auch die Tochter und die Söhne der beiden in der Firma beschäftigt. Die Missonis definieren ihre Mode als *non moda*; denn Mode sei zeitlich gebunden, erklären sie, ihre Modelle dagegen zeitlos. Die *non moda* der Missonis unterscheidet sich im Preis kaum von der *alta moda*; der Unterschied besteht darin, daß man sich in Missonis Kleidern und Pullovern äußerst wohl fühlt. Sie engen nicht ein, weil sie gar nicht »sitzen« müssen; eigentlich »hängen« sie nur am Körper.

Es gehört zum guten Ton einer bestimmten Schicht von Römerinnen, »einen Missoni« im Schrank hängen zu haben, obschon das allzu bunte, das Voluminöse, das die Missoni-

Modelle weitgehend kennzeichnet, für die eher kleingewachsenen, rundlichen Römerinnen nicht sehr vorteilhaft ist. Es sind auch Norditalienerinnen, die diese Mode besonders bevorzugen, und natürlich die Amerikanerinnen. Missoni-Muster sind zu Kunstwerken des Designs deklariert worden und als Wandbehänge im *Whitney Museum* in New York ausgestellt.

In der Via del Babuino, der Verbindung zwischen der Piazza di Spagna und der Piazza del Popolo, befindet sich die Boutique des als »König der Herrensakkos« bekannten Giorgio Armani. Das Muttergeschäft und das Atelier sind weit prunkvoller als der kleine römische Laden. Das Herz, das Schöpferherz Armanis, schlägt und arbeitet im historischen Zentrum Mailands, im mit Fresken aus dem vorigen Jahrhundert reich verzierten Palazzo Durini.

Giorgio Armani verdankt seinen Ruhm dem glücklichen Einfall, alles Überflüssige wie Futter und Sperrleinen von den Herrensakkos zu entfernen und sie dadurch in bequeme, weiche, saloppe Blazer zu verwandeln. Frauen waren davon so begeistert, daß Armani auch zur Damenmode überging. Da wandte er dasselbe Rezept an: kostbare Stoffe, funktionelle, weiche, tadellos sitzende Modelle, deren Eleganz durch einen einwandfreien Schnitt unterstrichen wird. Giorgio Armani, 48 Jahre alt, aus Norditalien, sechs Semester Medizinstudium hinter sich, ist der gegenwärtige Star am italienischen Modefirmament. Sein Markenzeichen ist ein Adler; er steht für Perfektion. Die Preise entsprechen seinem Ruhm.

Der Name Via del Babuino, Affenstraße, rührt von einem heute verschwundenen Brunnen her, in dem das *popolino* von Rom einen Affen sah. Die Straße verdankt ihr Ansehen den zahlreichen Antiquitätenläden, die sich bereits im vorigen Jahrhundert hier ansiedelten, als die Via del Babuino als

Wohnort hauptsächlich von Künstlern bevorzugt wurde. Besonders flämische Maler ließen sich hier gerne nieder. Da außerdem auch zahlreiche Fremde in dem *quartiere barocco* wohnten – so heißt das gesamte Stadtviertel, das von der parallel zur Via Babuino verlaufenden Via Margutta bis zur Passeggiata di Ripetta und von der Piazza di Spagna bis zur Piazza del Popolo geht –, konzentrierten sich Kunst- und Antiquitätenhandel in der Via del Babuino. Die Gesamtheit der Geschäfte in dieser Straße ist eine permanente Ausstellung antiker Gegenstände erster Klasse; auch die Avantgarde ist hier präsent. Die Via del Babuino gehört damit zu den namhaftesten europäischen Zentren für Antiquitätenhandel.

Wer das magische Einkaufsdreieck durchlaufen hat, der werfe auch einen Blick in die Via dei Coronari; da ist Exklusives, nur Exklusives, in Mengen vorhanden, allerdings antik. Von der Hausnummer eins bis zur Nr. 238-241 säumen auch hier – wie in der Via del Babuino – fast ausschließlich Antiquitätenläden die Straße. Eigentlich ist es mehr als eine Straße, es ist eine Dauer-Ausstellung. Zweimal im Jahr – im Mai und im Oktober – findet hier ein offizieller Antiquitätenmarkt statt, zu dem »VIPs« aus der ganzen Welt herbeiströmen.

Das ganze Viertel um die Via dei Coronari ist auch für Architekten eine Fundgrube: Edle, mächtige Palazzi vornehmer Römer wechseln ab mit bescheidenen, aber äußerst gut erhaltenen Häusern aus dem frühen 16. Jahrhundert. Mittelalter und Renaissance leben hier auf engstem Raum zusammen. Der Name Coronari (von *corona*, Kranz), rührt von den im Mittelalter hier wohnenden »Verkäufern heiliger Artikel« her. Die Römer nannten die Coronari deshalb auch *Paternostari*: Sie hatten ihre Erwerbstätigkeit hierher verlegt, weil die Pilger durch diese Straße zogen, die von der Piazza del Popolo her kommend, durch die heutige Via Ripetta zur St. Peters Basilika pilgerten. Denselben Weg gehen auch heute noch viele von Norden her kommende Touristen, die einen, um hier zu beten, die anderen, um römisch einzukaufen.

1982

Die Fendis

Vor einigen Jahren den meisten Italienern und Ausländern noch unbekannt – hier standen die Werkstätten der kleinen römischen Handwerker – ist die Via Borgognona heute zu einem der bekanntesten Mode-Treffpunkte der in- und ausländischen »Jet-Society« geworden. Zahllose Frauen und Männer drängen zielbewußt durch diese Straße. Vor *einem* Lederwaren- und Pelzgeschäft stehen sie geradezu Schlange: Schönes und Originelles wird hier angeboten – wie an manchen Orten – nichts Unentbehrliches, dafür aber teuer – bei *Fendi*.

Wer und was steckt dahinter? – Ein Matriarchat und fünf Schwestern: Carla, Franca, Alda, Paola und Anna. Sie zeichnen verantwortlich für diesen Boom, der bereits Marktforscher und Soziologen beschäftigt.

Familiensinn und Phantasie – auf diesen beiden Säulen ruht das Unternehmen. Der Vater starb früh und hinterließ eine junge Witwe mit fünf kleinen Mädchen. Obwohl die Familie zum gehobenen römischen Bürgertum gehört hatte, wurde sie dadurch plötzlich mittellos.

Mamma Fendi eröffnete also in den 20er Jahren ein kleines Ledergeschäft, in dem selbst entworfene, handgefertigte Taschen verkauft wurden. Eine Tochter nach der anderen trat in das Geschäft ein – aus Familiensolidarität, wie sie heute sagen. Und als die fünf Schwestern heirateten, traten allmählich auch vier von den fünf Männern – darunter ein Arzt und ein Berufsoffizier – nacheinander in das Unternehmen ein; auch *per la famiglia*, für die Familie, wie sie erklären.

Doch die *mamma* war immer präsent; sie ist die Seele des Geschäfts und der Familie geblieben. Mit ihr begann die Geschichte dieses Matriarchats. Nach ihren Prinzipien richtet sich nach wie vor das ganze Unternehmen: Antike Stammtraditionen verschmelzen hier mit modernster Geschäftsorganisation. Jede der fünf Schwestern trägt die Verantwortung für einen genau begrenzten Bereich. Im Notfall muß aber jede die andere ersetzen können – wie in einer Armee im Kriegsfall, forderte die *mamma*.

Die glitzernde Arena des Unternehmens ist das Geschäft in der Via Borgognona. Wie die Mutter, so wußten auch die fünf Töchter genau, was die römische Snob-Society bevorzugt: Von weitem schon als »dazugehörig« erkannt zu werden; die stille Bewunderung für alles, was als vornehm gilt. Und die Schwestern stellten ihre Phantasie in diesen Dienst. Von Fendi stammt zum Beispiel die *anti-scippo*-Handtasche, jene kleine, flache Umhängetasche, die »man« heute unter dem Mantel trägt, um sich gegen Straßenräuber zu schützen. Notstand, Phantasie und Snobismus reichten sich hier die Hand, und es entstand eine Mode.

Kaum ein Römer weiß, daß unter den historischen Bögen des Acquedotto Felice, den Marco Agrippa im Jahre 35 v. Chr. errichten ließ, eine der vielen Werkstätten der Firma untergebracht ist. Dort ist die Geburtsstätte unzähliger Handtaschen, die dann die Reise in die ganze Welt antreten. Patin der Produktion mit dem »FF«-Kennzeichen ist Signora Anna. Nach bester italienischer Handwerkertradition wird jedes einzelne Modell entworfen, besprochen, genau in den Proportionen geprüft und umgeändert, bis es auf den Markt kommt. Immer neue Modelle müssen entwickelt werden, um gegen die zahlreichen Imitationen anzukämpfen. Denn Exklusivität ist eine der Bedingungen, um auf dem Markt das Monopol des Statussymbols zu verteidigen.

Herrin in der Pelzwerkstatt der Firma ist Signora Paola, die Drittälteste. Zu Ehren des World-Wild-Fonds hat sie beschlossen, auf sogenannte »unerlaubte« Felle wie Panther, Geparden und Tiger, ganz zu verzichten. Statt dessen hat sie als erste die »ärmeren Felle« auf dem Markt präsentiert, z. B. Eichhörnchen und Maulwurf. Sie sind preiswerter, und gleichzeitig beruhigen sie das schlechte Gewissen der Großbourgeoisie, die sich hier umweltbewußt gibt.

In Rom werden Pelze nicht der Kälte wegen getragen, sondern wegen der Schönheit – sie schmeicheln. Die Verarbeitung der »ärmeren Felle« ist unbestreitbar neu und kühn und erzielt eine völlig neue Wirkung. Ein Meisterwerk italienischen Handwerks – *Scicchissimo*!

1979

Via Condotti

Krisenweihnacht und die Zampognari

DIE AUSTERITÀ, die Sparpolitik, setzt dem weihnachtlichen Rom ihren Akzent auf. Den Fremden, die infolge des Wechselkurses zahlreicher als in vergangenen Jahren die Hotels der Innenstadt belegen, fällt kaum etwas Besonderes auf, aber den Römern entgeht es nicht: *strade affollate – negozi vuoti*, gedrängt volle Straßen – leere Geschäfte; es ist das allgemeine Merkmal einer Krisenweihnacht. Die Sanierungsmaßnahmen der Regierung haben ihre Spuren hinterlassen; das 13. Monatsgehalt, das die Italiener in den letzten Jahren für die Weihnachtsbescherung verwandten, dient heute dazu, Schulden zu begleichen oder die erhöhten Steuern zu bezahlen.

Nur das Herz des kommerziellen römischen Luxus zwischen der Piazza di Spagna, der Via Condotti und der Via Borgognona pulsiert wider Erwarten kräftig weiter im gedämpften Licht des weihnachtlichen Straßenschmucks.

Die wirtschaftliche Krise trifft vor allem mittlere und kleinere Geschäfte und Betriebe, wohingegen der Warenumsatz der weltberühmten Geschäfte der Via Condotti oder der Via Borgognona, wie Ferragamo, Fendi, Gucci und Piattelli kaum zu leiden hat. Zwar gibt es auch dort weniger Kunden. Diese wenigen aber kaufen um so mehr und um so teurer. Eine kalbslederne Damenhandtasche von Gucci entspricht im Preis fast der Hälfte eines durchschnittlichen Arbeiterlohnes. Die Gucci-Tasche, dazu Schuhe von Ferragamo und der Pelzmantel von Fendi sind wieder Statussymbole geworden, weil sie für immer weniger Leute erschwinglich sind.

Nirgends kommt dies besser als im Caffè Greco zum Ausdruck, wo sich die von den Weihnachtseinkäufen und ihren Pelzmänteln Erschöpften – die lauen Temperaturen rechtfertigen den Pelz kaum – bei einem *espresso* wieder erholen wollen. Die Gäste in diesem historischen Haus spiegelten schon immer die Zeiten wider: Araber und Japaner übernehmen momentan dort die führende Rolle. »Früher bezahlten unsere Stammgäste mit Kunstwerken – heute hinterlassen sie Petrodollars«, raunt der stets befrackte, würdevolle *cameriere* uns vielsagend zu.

In diesem Viertel sind auch noch die *zampognari*, die Dudelsackpfeifer, zu finden, die einst aus den Abruzzen in die Stadt zogen und die Straßen mit ihren weihnachtlichen Melodien und Hirtenweisen belebten. Sie kommen auch in dieser Krise auf ihre Rechnung, denn der Obolus, um den sie bitten, soll dem Spender Glück bringen. Der französische Schriftsteller Stendhal äußerte sich allerdings in seinen »Souvenirs« (1827) keineswegs freundlich über die *zampognari*: Er empörte sich über diese armen Pfeifer, die als »Verleumder der Musik und Störer der Nachtruhe« schon um vier Uhr morgens zur christlichen Andacht aufrufend durch die widerhallenden Straßen zogen.

Wegen der Landflucht und der Emigration sind die echten *zampognari* seltener geworden. Die Abruzzen gehören zu jenen Regionen, die gerade wegen ihrer Armut eine hohe Zahl an Fremdarbeitern liefern. Doch es gibt noch einige typische *zampognari*-Dörfer, wie Castelnuovo a Volturno oder Castel San Vincenzo. Castelnuovo zählt 400 Familien, die von dem Wenigen leben, was ihr kleines Stück Land produziert: »*Non circola denaro qui*«, hier rollt der Rubel nicht, sagen die Leute des Dorfes. Eine willkommene Gelegenheit, »flüssiges Geld zu machen«, bietet den armen Hirten oder *braccianti* die Weihnachtszeit.

Die Tradition, 15 Tage vor dem Fest nach Rom zu ziehen und bis nach der *befana*, dem Dreikönigstag, in der Stadt vor den aufgestellten Krippen die *zampogna*, den Dudelsack zu spielen, hat sich bis heute mit einigen Varianten erhalten. Die *zampognari* stehen jetzt nicht nur vor den Krippen, sondern ziehen auch durch die Geschäftsstraßen der Reichen, und sie spielen nicht nur traditionelle ländliche Weisen, sondern auch »*Oh, du fröhliche, oh, du selige*« und »*Stille Nacht, heilige Nacht*«.

Kamen sie ursprünglich von den Abruzzen herunter, so wohnen sie heute meist nebenan und verkleiden sich zu diesem Anlaß als Abruzzesi mit der üblichen Schafspelzweste, den Schnürschuhen und den weißen Strümpfen. Während sie einst wegen ihrer Tracht sehr auffällig im Straßenbild waren, beachtet man sie heute kaum noch deswegen.

Handwerker aus der Campagna boten einst in der Vorweihnachtszeit auf den berühmten Plätzen ihre handgefertigten, einfallsreichen Spielzeuge feil. Höhepunkt dieses Marktes war und ist immer noch die *befana*, der Dreikönigstag. Denn an diesem Tag, nicht zu Weihnachten, wurden die italienischen Kinder früher beschenkt: wie das Jesuskind von den Heiligen Drei Königen aus dem Morgenland! Die *befana* ist eine gütige Hexe, die nachts auf einem Besen geritten kommt und durch den Schornstein den braven Kindern, die ihre sauberen Strümpfe an den Kamin gehängt haben, Zuckerzeug hineinsteckt, den unartigen aber Holzkohle, heute meist in Form schwarz gefärbter Zuckerbrocken.

Der Weihnachtsmarkt findet noch immer statt. Die handgemachten Spielzeuge sind von Plastikpuppen und Gewehren verdrängt worden. Doch eine Neuigkeit hat der diesjährige Weihnachtsmarkt auf der Piazza Navona geboten: Feministinnen der Frauenzeitschrift »EFFE« haben die *giocattoli ruolizzanti* angegriffen und meinten damit das mit einem »Rollenverhalten« behaftete Spielzeug, das dazu beitragen würde, die Geschlechterrollen zu fixieren. In Sprechchören forderten sie *basta con le bambole*, Schluß mit Püppchen und Schleifchen!

Der Protest galt der Spielzeugindustrie, die in frühester Kindheit schon die sexuelle Rolle der Kinder festlegen würde, ein Kreuzzug also gegen die *giocattoli sessisti*. Von allen Forderungen der Feministinnen bleibt diese den italienischen Männern die unverständlichste.

1976

Karneval

ROM IST DIE STADT DES ständigen Karneval. Jeden Tag muß man Normen überschreiten, und wenn dies zur Gewohnheit wird, verliert die Faschingszeit ihre Bedeutung. Der gewöhnliche Alltag wird im täglichen Leben zu oft schon als karnevalistische Parodie erlebt.

Im Mittelalter hatte Karneval den Sinn einer zeitweisen Enthemmung, einer vitalen Explosion gegenüber der regulären Ordnung der Sitten. Noch im vorigen Jahrhundert hatte auch der römische Karneval diese Bedeutung. Man denke nur an die vielen Beschreibungen der Reisenden, die im 18. und 19. Jahrhundert nach Italien kamen.

Die Römer, die heute Gelegenheit haben, die deutsche, insbesondere die rheinische Fastnacht zu erleben, staunen und schütteln die Köpfe über das, was sich da abspielt. Alles ist ihnen fremd, was mit diesem Fasching zusammenhängt. Die plötzliche und unerwartete Aufhebung jener menschlichen Barriere, die sonst die Distanz zwischen den Menschen festlegt; die hohe Zahl der Betrunkenen auf den Straßen; selbst der Lärm, der zur Fastnachtszeit in einem für Italiener so ruhigen Land wie Deutschland zu vernehmen ist; die stillschweigende, auf Gegenseitigkeit beruhende Erlaubnis, so töricht sein zu dürfen, wie es einem beliebt; die Freiheit in der Fasching-Köstümierung und -Entblößung, die manchen Italienern unfaßbar erscheint; kurzum: dieses so plötzliche und so gründliche kollektive Sich-Gehen-Lassen eines Volkes, das hier als Musterbeispiel für Ordnung und Einhaltung der Vorschriften gilt – ist dem Durchschnittsitaliener fast unbehaglich. Er hat dafür weder Verständnis, noch Sinn, noch Humor.

Aus ihrem Karneval machen die Italiener heute – mit wenigen Ausnahmen – nichts, und dort, wo noch etwas gemacht wird, wie in Viareggio, Ivrea oder in einigen süditalienischen Orten, ist er vom deutschen Karneval meilenweit entfernt. Da sind es Feste und Traditionen, die zur Folklore gehören, nicht zur Ausgelassenheit der *saturnali*.

Dieser Tatbestand ist um so erstaunlicher, wenn man bedenkt, daß Italien eine reiche historische Karnevalstradition hat. Allein der Begriff »Karneval« stammt aus dem Italienischen *levare la carne*, was soviel heißt wie, in der Fastenzeit auf das Essen von Fleisch zu verzichten.

In der Vergangenheit war *carnevale* in Städten wie Venedig, Florenz und Rom ein Höhepunkt des jährlichen Amusements, ein Fest, das »dem Volk eigentlich nicht gegeben wurde, sondern das sich das Volk selbst gab.«

Im päpstlichen Rom – also noch im letzten Jahrhundert – kennzeichnete der *carnevale* die *corse dei berberi*, die Wettrennen nicht etwa der Barbaren, sondern jener kleingewachsenen Pferde, die ihrer nordafrikanischen Herkunft wegen so heißen. Jedes Jahr fanden diese Rennen auf dem Corso statt, auf jener schnurgeraden, auch heute noch engen Straße im Herzen Roms, die die Piazza del Popolo mit der Piazza Venezia verbindet. Eine Glocke vom Kapitol gab das Zeichen, daß die Karnevalszeit begonnen hatte und daß es von nun an erlaubt sei, alles zu tun, was sich sonst – im Bereich der Sitten und Gebräuche – nicht ziemte. Mit größtem Staunen erfahren wir heute – und zwar aus Goethes Munde –, daß »gleich nach dem Glockengeläute auf dem Kapitol der ernsthafte Römer, der sich das ganze Jahr sorgfältig vor jedem Fehltritt hütet, seinen Ernst auf einmal ablegte.«

Deutsche und Italiener – sie scheinen also heute ihre ursprünglichen Karnevalssitten geradezu vertauscht zu haben. Nun, die Zeiten haben sich verändert und mit ihnen die Römer, deren Grundtugend heute unbestreitbar nicht gerade darin besteht, sich »sorgfältig vor jedem Fehltritt zu hüten«, wie zu Goethes Zeiten. Und vielleicht ist – etwas überspitzt ausgedrückt – auch dies ein Grund für das allmähliche Verschwinden der römischen Karnevalstradition.

Es gehört übrigens zu einem betrüblichen Zeichen unserer Zeit und zu den damit verbundenen Sicherheitsmaßnahmen, daß es seit einigen Jahren in Rom nicht erlaubt ist, mit einer gesichtsverdeckenden Maske durch die Straßen zu ziehen.

Heute beschränkt sich der römische Karneval auf ein reines Kinderfest. Die Liebe zu den *bambini* kommt hier deutlich zum Ausdruck, ja, wird geradezu zur Schau getragen, ebenso wie die Eitelkeit so vieler Mütter und Väter. Denn was am *giovedì grasso*, in der Via Nazionale spazierengeführt wird, das sind nicht etwa Kinder mit grotesken, phantasievollen oder humoristischen Kostümen, sondern Kinder in den traditionellen Trachten aus der *commedia dell'arte* – die *arlecchini*, die *colombine*, die *pulcinella* – oder zierliche Mini-Biedermeier-Fräuleins; die Buben werden mit Vorliebe als Musketiere, Indianer, Feuerwehrmänner oder *bersaglieri* verkleidet. Das Kostüm eines Kindes hat fast den Charakter eines Status-Symbols; also ist aus dem römischen Karneval genau das Gegenteil dessen geworden, was er einst war: jene zeitlich streng begrenzte Aufhebung jeglicher sichtbaren sozialen Unterschiede.

Sittsam und brav ziehen die Kinder heute – an *mammas* oder *nonnas* Hand – straßauf, straßab aneinander vorbei, blicken sich neidisch oder bewundernd an und bewerfen sich mit *coriandoli*, mit Konfetti. Alles ähnelt mehr einem Menuett-Tanz im Zeitlupentempo als der ausgelassenen, volkstümlichen Fröhlichkeit, von der es einst hieß: *a carnevale – ogni scherzo vale*, an Karneval ist jeder Scherz erlaubt.

1980

Urbi et orbi

OSTERN – PASQUA – hat sich überall in der christlichen Welt zu einer freudigen Auferstehungsfeier entwickelt. In Italien hat sich diese Freude sogar in der Sprache verfestigt: Um jemanden zu bezeichnen, der überglücklich ist, sagt der Italiener, er sei *felice come una pasqua*, glücklich wie ein Osterfest. In manchen italienischen Regionen hat sich eine weitere Redensart erhalten, die beweist, daß Ostern – im übertragenen Sinn – zum Bestandteil des italienischen Sprachgutes geworden ist: *dare la mala pasqua*, ein schlechtes Ostern geben, bedeutet, jemandem ein Leid zufügen.

Als Familienfest hat Ostern hier nicht die gleiche Wertigkeit wie Weihnachten. Ein bis heute gebräuchliches Sprichwort lautet: *natale con i tuoi – pasqua con chi vuoi*, Weihnachten soll man mit den Seinen verbringen, Ostern mit wem man will. Das besagt aber nicht, dem Osterfest werde keine Bedeutung beigemessen. Im Gegenteil, man ist sich stets bewußt, daß Ostern das älteste aller christlichen Feste ist. Mit ihm verbinden sich Bräuche, die sich im Laufe der Zeit zwar verändert und weiterentwickelt haben, an denen die Menschen hier jedoch nach wie vor festhalten, unabhängig davon, ob sie sich für gläubig halten oder nicht. Wenige Italiener werden es am Palmsonntag versäumen, in die Kirche zu gehen, um sich den geweihten und gesegneten Olivenzweig – ein Symbol für das Wegbereiten mit Palmwedeln – zu holen. Die Weihe findet kurz vor der Elf-Uhr-Messe im Kreuzgang, im Hof der Kirche oder unter freiem Himmel statt. Der Zweig des Ölbaumes gilt als ein Zeichen des Friedens und der Eintracht. Man sieht ihn in den meisten italienischen Wohnungen über dem Foto eines verstorbenen Angehörigen hängen. Dort verdorrt er, verstaubt und bleibt, selbst halb entblättert, bis er zum nächsten Osterfest durch einen frischgeweihten Zweig ersetzt wird.

Karfreitag ist in Italien ein Werktag. Die Geschäfte und Büros sind geöffnet, und die Menschen tun ihren Dienst. Dem Arbeiten wird die symbolhafte Bedeutung der Buße zugeschrieben. Erst abends begibt sich der Papst zur Prozession auf den Kreuzweg am Kolosseum, wo er vor einer andachtsvollen, neugierigen Menschenmenge, zwischen dem Konstantinbogen und den Stätten des Martyriums der christlichen Urgemeinde, die Stationen des Leidens Christi abschreitet.

Auch anderenorts werden in Italien vorösterliche Passionsspiele veranstaltet. Die wohl älteste Prozession Italiens findet in Chieti, in den Abruzzen, statt; am eindrucksvollsten sind die Passionsspiele in Sezza, südlich von Rom. Dabei wirken etwa 1500 Menschen mit, und sie dauern vier Stunden. Die Darstellung wirkt so aufrichtig und echt, daß auch die Zuschauer emotional ergriffen werden.

Großen Wert legen die Menschen zu Ostern noch immer auf die *benedizione*, den apostolischen Segen, der durch einen Kaplan den Wohnungen und Häusern erteilt wird. Von seinem religiösen Gehalt abgesehen, grenzt er in seiner Bedeutung für manche Italiener gar an Aberglauben. Doch die modernen Lebensverhältnisse und Gewohnheiten erschweren die *benedizione*. Während man früher kurz vor Ostern den Kirchenmann erwartete, der an der Tür klingeln und nicht nur die Wohnung, sondern oft auch alles Eßbare, was die Frauen für das Fest schon vorbereitet hatten – vom Lamm bis zu den Eiern –, segnen sollte, tritt er heute seine segensreiche Reise, wenn man das so nennen darf, schon 14 Tage vor Ostern an. Leider findet er immer öfter verschlossene Türen vor, denn die Berufstätigen sind außer Hause; aber man kann sich behelfen: nach einer alten italienischen Volksweisheit dringt der Segen durch sieben verschlossene Türen.

Früher wäre es undenkbar gewesen, daß der Segen über geschiedene Leute ausgesprochen wird; heute ist das kein Problem mehr, vorausgesetzt, es wird darum gebeten. Man arrangiert sich mit seinem Gewissen und mit seinem Priester. Auch die ideologischen Grenzen sind fließend. Denn 90 Prozent der italienischen Kommunisten lassen ihre Kinder taufen – Marx hin oder her – und empfangen den Segen der katholischen Kirche mit derselben Freude und Dankbarkeit wie ihre politischen Gegner, die Christdemokraten. Und der Kaplan des Stadtviertels Sant'Angelo in Pescheria, in dem sich auch das Ghetto befindet, erzählte uns, daß auch manche Juden den Ostersegen zu erhalten wünschen.

Am Ostersonntag schließlich strömen Pilger und Touristen zum Petersplatz, um in den Armen der vierfachen Kolonnadenreihen den päpstlichen Segen – *urbi et orbi*, der Stadt und dem Erdkreis – ein jeder in seiner Sprache, zu erhalten. Man kann das auch am Fernseher verfolgen, aber wieviel bewegender ist es auch für Nichtgläubige, dort unter den Menschen die Anziehungskraft der Kirche und ihre Ausstrahlung unmittelbar zu erleben. Das ist einer der Augenblicke, in denen Rom und die Christenheit der ganzen Welt mit dem Ruf *viva il papa* für einen Moment zusammenfinden – in der Farbenpracht des römischen Frühlings und mit der Erinnerung an die 2000jährige christlich-römische Geschichte.

Das Profane und das Heilige liegen in Rom immer nahe beieinander. So wird die Essenstradition, wie alles, was mit Speise und Genuß zusammenhängt, sehr ernst genommen. Der Ostersonntag beginnt mit einem Frühstück aus harten Eiern, geschnittener Salami und dem üblichen Weißbrot. Ostern ist also der einzige Tag im Jahr, an dem Römer so etwas wie ein Frühstück zu sich nehmen und nicht nur stehend einen *espresso* oder *cappucino* trinken. In Süditalien wird noch der traditionelle Osterfladen gegessen, der am Tag zuvor bereitet und geweiht wurde und in dessen Teig Eier mit Schale, dicke Salamischeiben und Oliven eingebacken sind.

Weder im Süden noch im Norden des Landes ist von Osterhasen, die bunte Eier verstecken, die Rede. Auch in italienischen Märchen existiert der Osterhase nicht. Er ist für italienische Kinder eine völlig fremde Gestalt. Gefärbte Ostereier dagegen sind schon vor einigen Jahren eingeführt worden. Schokoladeneier gehörten stets zum italienischen Osterfest. Aber das Eierfärben zu Hause in der Familie, das in Mitteleuropa zu einer alten Tradition gehört, ist hier unbekannt.

Zur Ostermahlzeit gehören nach einem Bericht des römischen Dichters Gioacchino Belli aus der Mitte des letzten Jahrhunderts: Fleischbrühe, Lamm oder *abbacchio*, eine besondere Pizza, Salami und natürlich nochmals harte Eier. Als Süßspeise folgt ein Kuchen aus Hefeteig, der die Form eines Lamms oder einer Taube, *colomba*, haben muß. Für ausländische Gaumen sind diese Kuchen so trocken und nichtssagend wie der *panettone* an Weihnachten, aber sie sind unverzichtbar. Das römische *abbacchio* ist landesweit berühmt. Es ist ein junges Lamm, das 20 Tage nach seiner Geburt geschlachtet wird, also noch nie Gras gekostet hat, und einen sehr feinen, kaum spürbaren Lammgeschmack hat. Nur ein solches führt den Namen *abbacchio*, sonst heißt es *agnello*. Das *abbacchio* wird im Ofen gebacken und mit Rosmarin, Knoblauch und Olivenöl gewürzt; dazu gehören Artischocken mit *mentuccia romana* (Minze) und Petersilie.

Der Ostermontag wird in Italien *pasquetta* genannt. Die Tradition gebietet, diesen Tag *fuori le mura*, außerhalb der Stadtmauern, zu verbringen und auf den Wiesen zu picknikken. Es sieht so aus, als würden die Römer erst dann die Natur entdecken und den Frühling feiern. »Erzähl mir deine

Wunder«, mit diesen Worten beginnt ein Kirchenlied, das in die *pasquetta* einführt.

Die *trattorie* außerhalb der römischen Mauern machen gute Geschäfte. Denn mit der *pasquetta* gehen viele einen Kompromiß ein. Sie essen im Freien, sitzen aber bequem am Holztisch der alten Gasthöfe in der *campagna romana*, umgeben von Autos, Kindergeschrei und Lärm.

Die Stadt gehört an *pasquetta* hauptsächlich den Fremden. Denn Ostern fällt zusammen mit dem Beginn der Reisesaison. Die Völkerwanderung hat begonnen, bemerken die Römer, was auf Italienisch *invasioni barbariche* heißt, also »barbarische Invasionen«. Oft machen diese Besucher auf die Römer einen bedauernswürdigen Eindruck; sie ziehen an der Fülle der geschichtlichen und künstlerischen Kostbarkeiten vorüber, als wollten sie sich erschöpfen statt erholen; an Ostern jedoch werden sie nicht nur mit dem päpstlichen Segen, sondern auch mit dem römischen Frühling belohnt.

1986

Piazza S. Pietro

Warum ich Rom dennoch liebe

Ich bin hin und hergerissen. Liebe ich Rom überhaupt noch? Heute entdecken viele Ausländer mit berechtigtem Entsetzen, aber weniger berechtigtem Staunen, die Mißwirtschaft und Korruption Roms. Ihr Traum, in Rom zu leben, zerschellt an der neuentdeckten Realität. Aber in Rom hat es sich nie leicht leben lassen, im Gegensatz zu dem, was so viele Ausländer denken. Allein schon wegen des bürokratischen Dschungels, dessen Ursprünge weit zurückliegen, und der eine typisch römische Bürgermentalität geprägt hat: staatsbürgerliches Bewußtsein fehlt den Römern noch mehr als anderen Italienern.

Aber im Rom der Renaissance oder im päpstlichen Rom zu leben muß für jene, die auf der falschen Seite standen, auch kein reines Vergnügen gewesen sein. Und die Mehrheit der Römer lebte auf der falschen Seite, damals wie heute.

Jahrhundertelang war das Leben des römischen Volkes mühselig und ärmlich. Den Romantikern vor allem verdankt Rom den Mythos seines Zaubers. Neben unschätzbaren Meisterwerken schufen aber die in Rom weilenden Dichter und Maler auch die Voraussetzungen für viele spätere Mißverständnisse. Denn Elend, also Unrecht, ist für jene, die es erleiden, weder pittoresk noch romantisch. Und so stimmte wohl das Rom der Römer mit dem Rom der damaligen Künstler ebensowenig überein wie heute – das *dolce vita* ist eine der genialsten Erfindungen Fellinis.

Ich ärgere mich täglich über unzählige Dinge, die gar nicht oder nur mangelhaft funktionieren, über Zeit- und Geldverschwendung. Aber Rom ist vital. Die sprichwörtlich unterstellte Apathie der Römer fällt oft von ihnen ab, und die plötzliche Reaktionsfähigkeit dieser an sich skeptischen und oft zynischen Bevölkerung überrascht mich immer wieder: so z. B., als das katholische Rom entgegen der päpstlichen Anweisungen für die Beibehaltung des Ehescheidungsrechts stimmte und die Menschen auf den Straßen spontan ein Freudenfest veranstalteten; oder die tiefbewegte Teilnahme des *popolino* von Rom, als Anna Magnani, die große römische Schauspielerin, zu Grabe getragen wurde. Man kann da den Puls eines Volkes schlagen hören. Kein ruhiger Puls, fürwahr, auch oft indiskret und aufdringlich, aber lebendig, vital und kräftig.

Ich kritisiere, ich lehne mich auf. Die Frage, ob ich Rom liebe, wird somit überflüssig. Denn würde es mich so treffen, liebte ich Rom nicht? – Allerdings, auch ich gehöre zu den Privilegierten, die von den *mali di Roma*, den Übeln von Rom, nicht direkt berührt werden. Unleugbare Tatsache ist, daß, neben dem alltäglichen Ärger, Rom auch tägliche Freude bereitet: Die viel besungenen Schönheiten beglücken mich immer und immer wieder, das Licht, die Farben, die Großzügigkeit und die Weite auf den Plätzen, die Intimität der engen Gassen und die Freude und Leidenschaft ausdrückenden Barockfassaden, das alles belebt mein Gemüt. In anderen Städten schließt man sich mit seiner Sorge gerne ein; in Rom zieht es mich hinaus. Rom ist meine Heimat. Bin ich mit Rom zu nachsichtig? – Man möge mir verzeihen.

1976

Marc Aurel fährt durch Rom

Bildnachweis

Piazza della Rotonda, S. 15, von Michael Gööck
Piazza Mattei, Fontana delle Tartarughe, S. 20, von Enrica Scalfari, AGF
Forum Romanum, S. 23, von Enrica Scalfari, AGF
Gedenktafel im Ghetto, S. 29, von Enrica Scalfari, AGF
Gasse im Ghetto, S. 42, von Enrica Scalfari, AGF
Ponte Milvio, S. 52, von Massimo Vergari, AGF
Fontana di Trevi, S. 56, von Enrica Scalfari, AGF
Porta Pia, S. 59, von Enrica Scalfari, AGF
Die Wölfin mit Romulus und Remus auf dem Kapitol, S. 71, von Vittorio la Verde, AGF
Olympiade in Rom 1960, Armin Hary gewinnt, S. 89, Fotocronache Olympia
Papst Johannes XXIII., S. 105, von Massimo Vergari, AGF
Piazza del Quirinale, S. 115, von Enrica Scalfari, AGF
Corazziere, S. 120, von Mimmo Frassineti, AGF
Franca Magnani bei Vezio in der Via dei Delfini, S. 131, von Michael Gööck
Verkehrspolizist, S. 137, von Vittorio la Verde, AGF
Via Condotti, S. 172, von Enrica Scalfari, AGF
Piazza S. Pietro, S. 185, von Vittorio la Verde, AGF
Marc Aurel fährt durch Rom, S. 188, von Enrica Scalfari, AGF

Franca Magnani. Mein Italien. Hg. v. S. Magnani-von Petersdorff und M. Magnani. KiWi 862

Italien, wie es nur Franca Magnani vermitteln kann, unkonventionelle und liebevolle Geschichten von der Piazza della Rotonda bis nach Eboli, von Mussolini bis Marcello Mastroianni.

»Das Lesebuch für Italien-Begeisterte!« *FAZ*

www.kiwi-verlag.de